中国出版走出去的
话语权和传播力构建

张 宏 著

苏州大学出版社

图书在版编目(CIP)数据

中国出版走出去的话语权和传播力构建 / 张宏著
. —苏州：苏州大学出版社,2015.10
ISBN 978-7-5672-1547-4

Ⅰ.①中… Ⅱ.①张… Ⅲ.①出版事业–中外关系–文化传播–研究 Ⅳ.①G239.2

中国版本图书馆 CIP 数据核字(2015)第 247319 号

中国出版走出去的话语权和传播力构建
张　宏　著
责任编辑　巫　洁

苏州大学出版社出版发行
(地址：苏州市十梓街1号　邮编：215006)
苏州恒久印务有限公司印装
(地址：苏州市友新路28号东侧　邮编：215128)

开本 700 mm×1 000 mm　1/16　印张8　字数153 千
2015 年10 月第1 版　2015 年10 月第1 次印刷
ISBN 978-7-5672-1547-4　定价：20.00 元

苏州大学版图书若有印装错误,本社负责调换
苏州大学出版社营销部　电话：0512 – 65225020
苏州大学出版社网址　http://www.sudapress.com

前　言

本书是笔者在从事出版工作25年之际对中国出版走出去这一话题所进行的一些思考和研究，是在本人博士论文基础上修改后的产物。笔者之所以想谈论这样一个话题，主要是基于如下的现实和思考背景。

当今世界全球化进程中的国际关系既体现在作为国家硬实力的经济等的交流互动上，同时也体现在作为国家软实力的文化交流中。全球视野下国与国之间的交往已经体现在以经济、金融、贸易、军事等为载体的硬实力和以制度、价值观、文化等为载体的软实力的博弈上。在经济和文化全球化过程中，出版作为一种兼具经济和文化双重特性的文化产业，也成为全球范围经济活动和文化传播的重要组成部分之一。出版的国际传播也因此反映了国家出版硬实力和出版软实力的交替作用及传播。一国的出版硬实力是其整体出版经济实力的综合，是出版软实力的基础，是实现出版所承载的跨文化传播功能的前提。而一国的出版软实力则是其在国际出版中的话语权及其所承担的跨文化传播的影响力或传播力的体现。

中国自20世纪80年代实施改革开放以来，特别是加入世界贸易组织后，参与全球化的进程以及全球化对中国的影响日益加速和明显。在此过程中，中国政府提出了走出去战略，尤其是21世纪开始实施了中国文化走出去战略。作为中国文化走出去战略的有机组成部分，中国出版走出去承担着推动中国文化走出去的重任。

基于此，本书写作采用了理论—实践的框架以及文献阅读、跨学科研究、数据和案例分析等方法，将中国出版走出去放在全球范围内考察。通过对国际出版现状、出版国际传播格局、中国出版实际及中国出版走出去现状的比较分析，客观分析中国出版的国际地位和走出去状况，找出中国出版走出去存在的问题，并试图从中国出版走出去的国际话语权构建和国际传播力构建两个维度提出解决这些问题的对策，为中国出版走出去发展以及提升中国文化走出去能力提出可资参考的途径和策略。

通过比较分析发现，中国出版走出去无论是在出版的产业经济实力上，还是在出版的国际传播成效上都取得了长足的发展。中国业已成为国际出版大国,中国出版在推进中国文化的跨文化传播中起到了积极的作用,但数据显示,无论是从出版硬实力还是软实力来看,中国都还不是出版强国。就目前而言,中国出版走出去的主要路径有三个:出版物对外出口贸易;版权贸易中的版权输出(含国际合作出版);中国出版资本走出去。然而,中国出版走出去存在着诸如出口总额小、版权贸易逆差、对外投资和海外经营能力不强等问题,导致中国出版的国际竞争力和传播力较弱。

中国出版要实现真正意义的走出去,并产生其应有的经济影响和文化影响,积极有效地进行中国文化的对外传播,加强中国出版的国际话语权和传播力构建是有效对策。中国出版的国际话语权构建要解决中国出版走出去的国际地位和资源问题,国际传播力的构建则要解决中国出版走出去的国际竞争力和传播效果问题。随着中国国家硬实力的不断发展,中国国家软实力也在不断提升,而中国出版走出去的话语权和传播力构建必将有效促进中国文化的对外传播,并进而提高中国在全球化进程中的经济和文化地位,为建设和谐世界、世界和平发展及人类文明进步做出应有的贡献。

在这样的背景下对中国出版走出去做一点理论和实践的思考与探讨应该是有一定的价值的,但在整个研究过程中,笔者还是感到了相当的困难,其中最主要的是可以作为借鉴和学习的涉及中国出版走出去的理论研究成果不多,而中国出版走出去的实践成果也参差不齐,有成功的模式,但更多的是个案,要从中提炼出可资整个出版业参考的规律和模式很不容易。更何况就全球范围而言,中国出版的话语权和传播力并不如很多媒体所宣传的那样成效显著,中国出版走出去的实践操作以及要取得全球性的影响和成功还有很长的一段路要走,而中国出版走出去的话语权和传播力构建乃至中国出版走出去的理论探索则更需要各个层面的共同努力。就此点而言,本书的观点和结论可能还存在很多不足与欠缺,欢迎广大出版业同行和研究人员批评指正。此外,由于本研究完成于2014年初,所参考的数据和文献资料最晚的发表于2013年11月,一年多来出版业又发生了巨大的变化,因而书中存在的信息滞后情况也请广大读者留意。

在一个媒介融合、全球化不断深入发展的现实世界里,中国出版人任重而道远。

张 宏
2015年7月15日

目录

第一章 绪论 /1
 第一节 中国出版走出去的话语权和传播力构建研究背景及问题的提出 /1
 第二节 中国出版走出去研究综述 /7
 第三节 关于中国出版走出去研究若干概念的界定 /10
 第四节 整体思路和研究方法 /11
 第五节 中国出版走出去的话语权和传播力构建研究的创新点、意义与价值 /13

第二章 中国出版走出去的话语权和传播力构建研究的理论基础综述 /15
 第一节 全球化理论 /15
 第二节 软实力理论 /17
 第三节 跨文化传播理论 /18
 第四节 话语权理论 /20
 第五节 传播力理论 /22
 第六节 本章小结 /23

第三章 全球视野下的国际出版与出版的国际传播 /24
 第一节 国际出版业现状 /24
 第二节 出版的国际传播模式和格局 /30
 第三节 本章小结 /36

第四章　作为中国出版走出去基础的中国出版现状及其
　　　　国际地位 /37
　　第一节　中国出版业现状 /37
　　第二节　中国出版的国际地位：从出版大国到出版强国 /46
　　第三节　本章小结 /49

第五章　全球视野下中国出版走出去的历史、现状和
　　　　问题 /50
　　第一节　中国出版走出去的历史 /51
　　第二节　中国出版走出去的现状 /54
　　第三节　中国出版走出去存在的主要问题 /61
　　第四节　本章小结 /63

第六章　中国出版走出去的话语权及其构建 /64
　　第一节　中国文化走出去的国际话语权问题 /66
　　第二节　出版的国际话语权及中国出版的国际话语权状况 /70
　　第三节　中国出版的国际话语权构建 /75
　　第四节　本章小结 /77

第七章　中国出版走出去的传播力及构建 /78
　　第一节　出版国际竞争力与影响力视角下的出版国际传播力 /79
　　第二节　中国出版的国际竞争力与中国出版的传播力 /82
　　第三节　中国出版走出去的传播力构建 /85
　　第四节　本章小结 /88

第八章　结语 /89

参考文献 /92

附录一　"中国图书对外推广计划"综述 /101

附录二　版权贸易合同(范本)　/103

附录三　英国出版机构对华版权贸易合同参考标准文本(英文版)　/109

附录四　国际主要书展一览　/117

后记　/119

第一章 绪 论

全球化背景下的国际关系正越来越明显地由传统的国际经济、贸易、军事等硬实力主导的关系向由硬实力和包含文化、制度、价值、宗教等在内的软实力共同作用的关系转变。其中不同文化在全球的传播扩散因为全球各国经济关系的日益密切、互联网的存在普及以及越来越便利的旅行和移民等途径而变得日益便捷和常态化。加拿大传播学者麦克卢汉所提出的地球村(global village)概念和美国学者托马斯·弗里德曼提出的世界是平的(the world is flat)概念中无不蕴含着全球化时代多元文化和本土文化彼此传播的客观现实。作为文化传播的诸多途径和形式之一,新闻出版与电影、电视、广播等是这场全球化跨文化传播运动中最具有效力、更容易为地球村居民接受的方式。

第一节 中国出版走出去的话语权和传播力构建研究背景及问题的提出

一、研究背景

1. 全球化、软实力与跨文化传播

无论在经济领域还是文化领域,全球化(golobalisation/globalization)这个概念自从20世纪30年代首次在出版物中出现后[1],其内涵和外延便不断得到丰富。尤其是有关文化领域的全球化问题,引发了政治、经济、社会、军事、文化、历史等研究领域的学者的讨论。但是,不论学界如何众说纷纭,当今世界,经济全球化和文化的全球性传播和扩散已经是个不争的事实。

全球化作为一个过程和一种进程及人类社会发展的现象,反映了全球联系

---

[1] 《牛津英语大词典》的词源说明,globalisation 一词最早出现在一篇发表于1930年的题为 Towards New Education 的文章中,系说明有关人类教育体验的一种历史观点。

不断增强、人类生活在全球规模的基础上的发展及全球意识的崛起。"全球化既是指世界的被压缩,又是指将世界理解成一个整体的意识的强化。"〔1〕在这种全球意识的观照下,世界各国之间在政治、经济、贸易等方面互相依存,交往日益频繁。世界成了一个村子,全球逐渐发展趋同为一个整体。美国国家情报委员会研究认为:"全球化——即日益增长中的,反映在信息、技术、资本、货物、服务以及人口在整个世界里流动的相互连接性——是一个占主导地位的'主导潮流',其力量无处不在……"〔2〕经济、贸易等方面的全球化对人类社会各个层面产生了深刻影响,也引发了信息传播、文化交流等方面的巨大变化。"经济全球化对文化全球化的发展正在发生重大影响……全球化已经由世界经济一体化进而向政治和文化领域扩散……"〔3〕"全球化过程其实是一个传播全球化的过程。因而,从本质上说,全球化是一个传播性概念。"〔4〕在全球视野下,文化的国际传播成为全球化过程中的一个必然。全球化过程产生了更多的国际的文化影响,导致了文化多样性的减少和各种文化的融合及创新,也引发了全球政治意义上的文明以及价值观的冲突。〔5〕传播成为这所有一切产生的桥梁。

当今世界已经被认为是一个信息传播的世界。每时每刻每分每秒,以天文数量计的各种信息不断产生,同时,在每时每刻每分每秒,从这个星球的每个角落里,通过人们可以想象出的各种传播手段——传统的或者数字的或者更加新兴的手段,以打破时空界限的方式,如水银泻地般传播到这个星球的其他任意一个角落。从经济全球化的角度看,这个世界已经变得平坦;从国际沟通交流和大众传媒的角度看,信息的传播似乎也在以立体的形式和媒介在同一个平面上进行着。在这个平面上,原有的以国界、民族等为界碑的文化的传播障碍也正在日益被打破。跨文化传播或者说在此基础上的文化的国际传播不再是单向的和纯线性的,而是纵横交错,双向乃至多向、平面式的、立体化的和整体性的。跨文化交流和传播的可能性变得愈发巨大,文化的国际传播变得更加便利和有效。而这种文化传播的便利和有效一方面使得跨文化交际和融合及创新成为可能;另一方面也使得文化的同化、文化多样性的减少乃至文明以及价值观的冲突难以避免。

这样的情形下,一方面,考虑到全球视野下文化的国际传播已经成为当今世

---

〔1〕 Roland Robertson,Globalization. Social theory and global culture. New York: Sage Publications,1992:8.

〔2〕 美国国家情报委员会. 大趋势——2020年的世界[M]. 相蓝欣,译. 上海:华东师范大学出版社,2007:4.

〔3〕 郭少棠. 多元现代化与文化创意产业:中国的经验[C]//关世杰. 世界文化的东亚视角——中国—哈佛燕京学社2003北京年会暨国际学术研究会论文集. 北京:北京大学出版社,2004:147.

〔4〕 李智. 全球传播学引论[M]. 北京:新华出版社,2010:2.

〔5〕 塞缪尔·亨廷顿在其《文明的冲突与世界秩序的重建》一书前言中强调了其在《文明的冲突?》一文中的观点:正在出现的全球政治的主要的和最危险的方面将是不同文明集团之间的冲突。见该书中文版前言,新华出版社2002年1月第3版。本书以下部分论述也采纳了其观点。

界各国交流的常态和实际;另一方面,考虑到世界各国和地区出于扩大本国本民族文化影响力、增强软实力,并存在确保自身文化安全的需要,各国各地区都在设法通过采取各类手段和方法努力向国际社会传播自身的文化,同时保持自身文化和对文化的认同,在国际文化交融的平面上保留各自文化的特征和身份,以使本国的软实力得到加强,从而促进本国在全球化时代的文化地位建设。

此外,在全球化进程中,国际经济竞争同样也在文化产业竞争中得到反映。国际竞争已经不单纯是经济、贸易、军事等的硬实力的竞争,而同时也是文化、价值、制度、观念、生活方式等的软实力的竞争。

在此背景下,随着文化领域的全球化的发展,作为世界文明重要而伟大组成部分的中国文化的定位及其如何应对全球化浪潮带来的影响日益进入人们思考和探讨的视野。而从中国国家发展的战略高度来看,中国文化自身拥有极其重要的战略地位,其在全球化大潮中的作用发挥、与外来文化的交融、对国际其他类型文化的影响和自身的扬弃发展以及中国文化的国际传播不可避免。中国文化的大发展和大繁荣问题随着中国经济在过去30多年的大发展大繁荣而成为中国社会、经济、政治、文化发展的一个必然。中国文化走出去已经成为中国继经济大发展大繁荣后进一步提升中国国家综合实力的重要途径。中国文化走出去与中国出版走出去便是这种国际背景下的必然选择。

2. 中国文化走出去战略与中国出版走出去战略

"走出去"最先是一个经济领域的战略。"走出去"作为中国的国家经济战略,第一次在2000年10月召开的中国共产党第十五届五中全会上被明确提出。在此次全会上通过的《中共中央关于制定国民经济和社会发展第十个五年计划的建议》中指出:"实施'走出去'战略,努力在利用国内外两种资源、两个市场方面有新的突破。"[1]此后历届党代会和全国人民代表大会对走出去战略均不断完善和发展,并且随着全球化发展的不断深入,文化的重要性也越来越受到重视。因此,在中国经济领域提出实施"走出去"战略后不久,文化领域也很快明确提出了要实施"走出去"战略。[2]

---

〔1〕 参见《中共中央关于制定国民经济和社会发展第十个五年计划的建议》全文,转引自中华人民共和国水利部网站,http://www.mwr.gov.cn/ztbd/qida/jianyi1.htm,2013年1月10日访问。

〔2〕 参见《江泽民在中国共产党第十六次全国代表大会上的报告》,http://www.gov.cn/test/2008-08/01/content_1061490.htm;《中共中央关于加强党的执政能力建设的决定》,http://www.gov.cn/test/2008-08/20/content_1075279.htm;《中共中央关于构建社会主义和谐社会若干重大问题的决定》,http://www.gov.cn/test/2008-08/20/content_1075519.htm;《高举中国特色社会主义伟大旗帜为夺取全面建设小康社会新胜利而奋斗》《关于制定国民经济第十一个五年计划的建议》《国家"十一五"时期文化发展规划纲要》,http://news.xinhuanet.com/politics/2006-09/13/content_5087533.htm;《文化建设"十一五"规划》,http://www.china.com.cn/policy/txt/2006-11/09/content_9252602.htm。另可参见杨利英:近年来中国文化"走出去"战略研究综述[J],《探索》,2009(2):102。

中国文化"走出去"战略,在中国社会、经济发展以及全球化趋势日益明显的背景下,其重要性日益得到彰显,中国政府随之相应地提出了实施中国文化走出去工程。这是中国政府在《国家"十一五"时期文化发展规划纲要》中提出的"十一五"时期文化发展的重点之一。其基本要求是:抓好文化"走出去"重大工程、项目的实施,充分利用国际国内两个市场、两种资源,主动参与国际合作和竞争,加强对外文化交流,扩大对外文化贸易,初步改变中国文化产品贸易逆差较大的被动局面,形成以民族文化为主体、吸收外来有益文化、推动中华文化走向世界的文化开放格局。按照这一基本要求,中国各文化领域分别开展实施了各类"走出去"工程或者项目,如孔子学院项目、中国文化年活动、中国图书对外推广计划等。

2011年10月18日公布的中国共产党第十七届中央委员会第六次全体会议通过的《中共中央关于深化文化体制改革 推动社会主义文化大发展大繁荣若干重大问题的决定》(以下简称《决定》)对全球化背景下文化的作用和影响力做了精辟的论述:"当今世界正处在大发展大变革大调整时期,世界多极化、经济全球化深入发展,科学技术日新月异,各种思想文化交流交融交锋更加频繁,文化在综合国力竞争中的地位和作用更加凸显,维护国家文化安全任务更加艰巨,增强国家文化软实力、中华文化国际影响力要求更加紧迫。"〔1〕《决定》认为中国"文化走出去较为薄弱,中华文化国际影响力需要进一步增强"。按照《决定》的要求制定的《国家"十二五"时期文化改革发展规划纲要》则更进一步提出"十二五"时期要实现中国文化走出去的下列目标:"重点媒体国际传播能力不断增强,与中国经济社会发展水平和国际地位相匹配的媒体国际传播能力逐步形成;主要文化产品进出口严重逆差的局面逐步改善,形成以民族文化为主体、吸收外来有益文化、推动中华文化走向世界的文化开放格局;全民族文明素质明显提高,国家文化软实力和国际竞争力显著提升。"〔2〕

中国政府在过去的许多年里实施的中国文化走出去工程,正是在全球化和文化国际传播的大背景下,为扩大中国文化的全球影响力而树立积极的国家形象、增强国家软实力,从而提升全球化时代中国整体竞争力并最终为世界经济的发展建立和平和谐的国际关系、为人类优秀文明和先进文化的发扬光大所采取的措施和做出的努力。其中,全球孔子学院建设、中国国家形象宣传片的制作与播放、在多个国家开展的中国年活动、各种各类中国文化艺术团体的对外交流演出、中国各类媒体的对外宣传等,均是中国文化走出去工程的具

---

〔1〕 参见《中共中央关于深化文化体制改革 推动社会主义文化大发展大繁荣若干重大问题的决定》,http://www.gov.cn/jrzg/2011-10/25/content_1978202.htm。
〔2〕 参见《国家"十二五"时期文化改革发展规划纲要》,http://news.xinhuanet.com/politics/2012-02/16/c_111529579.htm。

体项目和实践。中国文化走出去本质上是中国文化的国际传播。

在中国文化走出去(亦即中国文化国际传播)工程中,中国出版走出去被政府和行业视为一个具有很强传播力以及能够在中国文化的国际传播中发挥特别功用并取得良好传播效果的战略。近年来,中国政府和中国的出版业针对中国出版走出去采取了一系列的措施和办法,作为中国文化国际传播的有机组成部分的中国出版走出去(即中国出版的国际传播)也取得了相当的效果。中国出版的国际传播在向国际社会介绍当代中国社会发展现状、传播中国传统文化和当代文化、传播中国和平崛起的理念以及传播中国负责任的大国形象等方面起到了积极的作用,在中国增强软实力、提高国际社会对中国的认知度等方面进行了有益的尝试和努力。

中国出版走出去的国际传播从过去到现在曾经经历过一系列的变迁,其国际传播理念和战略也在以往的30年里不断完善。而中国出版走出去的国际传播实践,包括其内涵、路径、形式、手段和模式等,更是不断地发生着变化。出版国际传播的效力和效果及影响也同时得到了强化。尽管如此,从中国出版国际传播的现状分析,人们依然可以发现还存在着许多问题,以版权贸易、出版物对外贸易、内容翻译、最美图书评选、数字出版的国际化尝试、在国外开设书店和出版机构等为主要形式的传播实践中还存在着诸如语言问题、版权引进与输出不平衡、版权保护与文化传播不均衡等问题。出版业尤其未能从国家软实力建设的高度处理好出版传播与文化安全、国家形象传播、公共外交整合、国际版权保护以及国家文化利益等方面的关系。

本书基于上述背景提出了中国出版走出去的话语权和传播力构建课题的研究。

二、问题的提出

在当今经济、文化全球化趋势日益明显,全球经济文化交融日益深入,中国的执政党和中国政府在大力发展经济的同时着力发展本国文化建设,并特别强调增强中华文化的国际影响力、推动中华文化走向世界的大背景下,从理念上和实践上关注并研究推动中国文化走向世界的方法、中国文化走向世界的传播方式的有效性、中国文化走出去所涉及的具体工程等方面,对文化领域实施走出去战略显然有着巨大的现实意义。

无论是《决定》还是《国家"十二五"时期文化改革发展纲要》,都针对中国文化走出去战略提出了具体的要求和措施。比如,《决定》明确提出了发展现代传播体系的要求,即"加强国际传播能力建设,打造国际一流媒体,提高新闻信息原创率、首发率、落地率"。对推动中华文化走向世界明确提出"开展多渠道多形式多层次对外文化交流,广泛参与世界文明对话,促进文化相互借鉴,增强中华文化在世界上的感召力和影响力,共同维护文化多样性。创新对外宣传方式方法,增强国际话语权……展现中国文明、民主、开放、进步的形象"。在推进中国文化走出去的具体措施和手段上,《决定》提出"实施文化走出去工程,完善支持文化产品和服务走出去政策措施,支持重点主流媒体在海外设立分支机构,完善译制、推介、咨询等方面扶植机制,开拓国际文化市场","加强海外中国文化中心和孔子学院建设","组织对外翻译优秀学术成果和文化精品"……中国文化走出去战略在实施过程中的效果直接涉及中国的文化软实力建设、中国的国家形象以及中国的文化安全等一系列问题。

然而,笔者在研究和思考中发现,在中国文化走出去战略的实施过程中,无论是在认识上还是实践上都存在着诸多问题。比如,有学者认为,中国还没有建立起有效的国际文化外贸体系,还没有确立国家文化外贸战略,还没有进入世界文化市场,还不能充分利用国内外两种资源和市场,使中国的文化产品在全球市场上获得应具有的竞争力。[1] 有学者认为存在这样一些问题:在认识方面,对文化的认识存在意识形态化倾向,对文化生产与文化传播的认识不能做到与时俱进,对文化管理的认识不到位;在资金投入方面,资金严重不足,制约文化企业发展和文化产品的出口;在人才队伍方面,专业人才严重不足,人才结构不合理;在出版方面,缺乏在国际文化市场上有影响力、竞争力的作品;在机制方面,组织管理机制和运行机制相对落后,不能适应市场经济所引发的文化生产方式与文化传播方式的变革;在国际交流方面,对重要的国际学术会议不够重视,而且在对外宣传方面意识形态化依然严重,不注重内外有别。[2] 有学者则认为,中国文化自身发展中存在的一系列问题影响了文化走出去的进程:一是文化创新力薄弱;二是在经济市场以及文化的世俗化和商业化这一大的历史背景下,中国原有的意识形态、价值观念和政治哲学等文化形态所具有的社会价值融合功能不时面临各种挑战;三是对传统文化资源的挖掘利用远远不够,许多中国宝贵的文化资源被别人重新诠释并赋予西方的价值观;四是在整个国家发展的大局中,文化投入不足;五是文化体制改革滞后,制约着文化事业和文化产业的发展;六是中国经济的文化含量亟待提高。[3] 有学者从中国文化产业发展目前处于"初级产业化"阶段的角度指出中国文化走出去存在的不足,即表现为:总体规模小,缺乏实力强的企业;文化贸易长期处于逆差状态;市场盈利能力和竞争能力较弱;科技水平与创新能力低,文化创新能力还远远不够。[4] 有学者则从结构、文化产品原创力、具有国际竞争力

---

[1] 胡惠林.文化产业发展与国家文化安全[M].广州:广东人民出版社,2005:44.
[2] 陶国相.科学发展观与新时期文化建设[M].北京:人民出版社,2008:154-158.
[3] 陈正良.中国"软实力"发展战略研究[M].北京:人民出版社,2008:129-132.
[4] 徐庆峰,吴国蔚.我国文化产业"走出去"策略探讨[J].对外经贸实务,2005(12):45-46.

的市场主体和人才等角度分析存在的问题。[1]还有的学者认为,中国的对外文化战略还不够系统,存在着观念滞后、缺乏一大批善于经营管理的人才的问题,而且文化产业市场化程度很低,对知识产权的保护不力也阻碍了发展的积极性,同时,中国文化产业发展的起点很低,至今还没有形成大型的、有一定规模的文化产业企业。[2]

很显然,作为文化产业的中国出版在走出去的过程中也同样存在着上述各方面问题(对此本书将在第五章做专门论述)。

上述学者对中国文化走出去战略的整体认识以及管理、机制和产业现状提出了各自的看法,也相应地涉及不少问题的症结所在。但是本研究认为,这些问题的背后应该存在着更本质的缘由。中国文化在国际上的影响以及中国文化产品在全球的接受更为重要的问题应该在于中国文化在进行国际传播过程中的话语权问题和传播力问题。话语权解决的是文化传播中的地位和影响力的问题,而传播力解决的则是文化传播中的传播能力、有效性和效力的问题。由于中华文化走出去战略是个重大命题,而且中国文化走出去应该是由组成中国文化的不同体系和产业板块构成的,因此,考虑到研究的效度以及重点,本研究将焦点放置到作为中国文化走出去工程的主要组成部分之一的中国出版走出去上,试图从全球视野以及中国视角的角度,从理论和实践两个方面,对中国出版走出去(亦即中国出版的国际传播)的话语权和传播力构建问题进行深入的探讨,并希望通过对这一内容的研究得出的结论,指导并提升中国出版国际传播的效用,对中国文化走出去的理念和实践带来有益的补充和启示。

第二节 中国出版走出去研究综述

作为中国当今对外关系重要方面的对外经济和文化关系的有机组成部分,中国出版走出去的战略和实践引起了众多学者的关注,并从理论和实践两个层面对这个话题进行了较为深入的学术探讨和理论研究。本书就所能掌握的研究成果进行了梳理和分析。从现有资料看,对中国出版走出去的研究较多地集中在国内学者的研究成果中,而国外对中国出版走出去的研究,除了一些零星的媒体报道等外,几乎没有像样的研究性或者分析性文献。

一、国内研究综述

国内学者和出版从业人员对中国出版走出去的研究主要集中在实践和理

---

[1] 黄海.试论中国文化产业"走出去"战略[J].新闻天地(论文版),2008(6).
[2] 向勇.北大文化产业前沿报告[M].北京:群言出版社,2004:前言.

论两个角度。而从本研究过程中所掌握的资料看,对实践的研究探讨更丰富多彩,理论性的学术研究则偏于微弱。在中国知网期刊数据库输入主题词"中国出版走出去",搜索结果显示有1380条,可见在过去近10年里,收入中国知网的有关中国出版走出去的研究文章数量相当多[1];在中国知网博硕士论文库检索相同主题并经排除不相关结果,有共计11篇博硕士论文研究中国出版走出去的问题[2]。在对上述相关论文进行进一步梳理阅读和分析后,本研究发现国内学者对中国出版走出去的研究主要集中在这样三大方面。

1. 对中国出版走出去的战略研究

在国内学者有关中国出版走出去的研究中,有不少篇幅都是有关走出去的战略研究,其中也有结合中国文化走出去战略来阐述中国出版走出去问题的。杨利英[3]对中国文化走出去战略研究进行了梳理综述;齐勇锋、蒋多[4]讨论了中国文化走出去战略的内涵和模式,并从文化贸易视角提出了中国文化走出去,包括出版走出去的发展模式的建议;秦艳华[5]则从全球发展趋势的视角探讨了中国出版走出去战略的思维创新问题。

2. 中国出版走出去的理论、体制机制和政策研究

国内学者关于中国出版走出去的理论体系的研究较为鲜见。范军[6]通过对中国新闻出版走出去的内在动力、面临的外部环境、取得的主要进展、存在的问题几个方面的分析,对进一步推动中国新闻出版走出去进行了思考,提出了建议。潘文年[7]从跨文化传播的理论视角分析了中国出版业走出去跨国经营的文化风险。此外,他还以新经济学理论分析了中国出版业走出去的内涵、实质、动因、主要模式、面临的风险,以及从政府到行业到出版企业采取的有助于中国出版业走出去的策略。[8]

3. 中国出版走出去的实践研究

罗家如[9]从版权贸易角度,通过分析存在的问题及看待版权贸易的视有,提出了推进中国出版走出去的思路。郭奇[10]通过版权贸易的经济功能与

---

[1] 中国知网——期刊,http://epub.cnki.net/kns/brief/default_result.aspx,2014年2月28日检索结果。

[2] 中国知网——博硕士论文库,http://epub.cnki.net/kns/brief/default_result.aspx,2014年2月28日检索结果。

[3] 杨利英.近年来中国文化"走出去"战略研究综述[J].探索,2009(2):102.

[4] 齐勇锋,蒋多.中国文化走出去战略的内涵和模式探讨[J].东岳论丛,2010(10):165.

[5] 秦艳华.全球发展趋势与我国出版走出去战略思维创新[J].中国出版,2013(11上):9.

[6] 范军.我国新闻出版"走出去"的理论与实践(上)、(下)[J].出版发行研究,2011(11、12).

[7] 潘文年.中国出版业走出去:跨国经营的文化风险分析[J].国际新闻界,2010(9):72.

[8] 潘文年.中国出版业"走出去"研究[D].南京大学,2011.

[9] 罗家如.从版权贸易看中国出版"走出去"[J].中国编辑,2005(4):20.

[10] 郭奇.全球化时代版权贸易的文化传播使命[J].中国出版,2009(3):39.

文化功能的双重属性、中国版权贸易的经济功能与文化功能存在的冲突两个角度,得出了中国出版走出去应以文化传播为根本使命这样一个命题和结论。张宏[1]则从中国图书版权贸易的逆差角度分析图书版权贸易存在的问题以及解决的对策。刘玉军[2]则以全球经济一体化为背景分析了中国图书走出去的途径和做法。李松[3]的研究视角较为独特,他从中国出版走出去的具体实践和操作中存在的"八大误区"(其中操作层面上甚至谈到中国出版参加国际书展、签订版权贸易合同等细节)分析了中国出版走出去的实践并提出了解决对策。在中国出版走出去的竞争力研究方面,不少学者都提出了一些具有较高理论性和实践操作性的设想。比如,杨庆国[4]提出了构建出版强国软实力评价指标体系及评价方法,柳斌杰[5]则从政府宏观指导和决策层面提出了大力提升中国新闻出版业的国际竞争力的策略和措施,黄先蓉等[6]则提出了中国新闻出版业国际竞争力与影响力的测量模型,等等。在中国出版走出去的模式和路径研究方面,杨庆国、杨梦雨[7]关于中国出版产业国际市场进入模式选择研究较为系统地提出了适合中国出版走出去的四种模式,即出版产品及版权出口模式、业务合作模式、海外 FDI 模式以及新媒体产业链延伸模式。

从以上对近年来国内学者有关中国出版走出去主要研究成果的简要梳理可以发现,对中国出版走出去的研究基本都是从文化传播、文化软实力、文化产业、国际贸易、国家竞争力、产业机制等领域进行的,也有不少中国出版从业者从出版实践角度对中国出版走出去发表了看法。

二、国外研究综述

笔者在阅读、思考和研究过程中对所能利用到的国外文献数据库、若干国外媒体网站,以及美国《出版商周刊》(Publishers Weekly)、英国《书商》(The Bookseller)杂志等专业行业期刊进行了主题词搜索,主题词为 Chinese publishing industry going global。比较遗憾的是,除了一些有关中国出版业的信息(比如中国参加大型国际书展担任主宾国活动、中国的英文媒体如《中国日报》等

---

[1] 张宏.为我国图书版权贸易把脉[J].编辑学刊,2009(3):6.

[2] 刘玉军.试论全球经济一体化背景下中国图书"走出去"[J].北京印刷学院学报,2008(10):12.

[3] 李松.中国出版"走出去"的八个误区[J].出版发行研究,2011(1):58.

[4] 杨庆国.出版强国软实力评价指标体系构建及其评价[J].中国出版,2010(12下):3.

[5] 柳斌杰.大力提升我国新闻出版业的国际竞争力[J].中国出版,2012(1上):6.

[6] 黄先蓉,邓文博,田常清.新闻出版业国际竞争力与影响力的模型化测量[J].现代出版,2013(4):11.

[7] 杨庆国,杨梦雨.我国出版产业国际市场进入模式选择研究[J].中国出版,2012(11下):12.

的报道)外,只发现了通过 google 搜索获得的一篇由国内学者武汉大学信息管理学院的徐丽芳和方卿合作用英语撰写、在德国斯普林格 Springer Science + Business Media,LLC 的网络期刊 Publishing Research Quarterly 上发表的论文。本研究未能发现国外学者对中国出版走出去的研究成果。这个结果或者现象本身似乎也说明中国出版走出去在国际上的影响力尚显不足。

第三节　关于中国出版走出去研究若干概念的界定

本书所做分析研究的焦点是中国出版在国际传播中的话语权和传播力构建问题,其中涉及的最重要的两个概念即中国文化走出去和中国出版走出去。由于学界对这两个概念特别是中国出版走出去存在不同的理解和认识,因此本研究认为有必要对这两大概念的内涵意义进行界定。同时,为便于加深对出版国际传播的理解,本研究对出版的概念以及出版的产业属性也进行了界定。

一、出版

出版有广义和狭义两个概念。广义的出版指的是出版产业,包含所有出版形式的经营活动。狭义的出版指的是以某种媒介形式将内容经过编辑加工制作后向公众进行的具体传播活动。本研究采用广义和狭义出版概念的结合,将出版纳入传播学的范畴,并将出版作为跨文化传播的一种有机形式进行考察。对于出版的跨文化传播,本书定义为出版的国际传播,包含出版物的国际传播和与出版的文化内容特性相关联的出版跨文化传播。[1]

本研究依据联合国对新闻出版行业属于信息和通信行业门类的这个分类归属前提(参见下文说明),提出在全球视野下中国出版走出去这个课题。

---

[1] 本书撰写过程中发现维基百科英文版对出版概念的界定较为完整,故基本采纳其对出版概念的表述。为帮助理解出版的概念,本书将维基百科 publishing 词条转录在此:Publishing is the process of production and dissemination of literature or information — the activity of making information available to the general public. In some cases, authors may be their own publishers, meaning: originators and developers of content also provide media to deliver and display the content for the same. Traditionally, the term refers to the distribution of printed works such as books (the "book trade") and newspapers. With the advent of digital information systems and the Internet, the scope of publishing has expanded to include electronic resources, such as the electronic versions of books and periodicals, as well as micropublishing, websites, blogs, video games and the like. Publishing includes the stages of the development, acquisition, copyediting, graphic design, production-printing (and its electronic equivalents), and marketing and distribution of newspapers, magazines, books, literary works, musical works, software and other works dealing with information, including the electronic media. 维基百科英文版:publishing, http://en.wikipedia.org/wiki/Publishing,2013 年 1 月 10 日访问。

二、中国文化走出去

中国文化走出去是中国政府在过去的十多年中确立的文化发展战略。除了使用官方的权威论述外,本书将中国文化走出去纳入中国文化的国际传播(或者跨文化传播)范畴。

在本书的论述中,按照目前通行的有关中国文化走出去的表述,将中国文化走出去的概念界定为:通过文化和传媒产业(如出版、影视、广播、网络)的国际传播渠道(如国际贸易等),将中国文化(包括历史、传统、社会、政治、经济、民族、艺术等所有关于中国内容的方面)向国外公众传播。

三、中国出版走出去

中国出版走出去是中国文化走出去的有机组成部分。通常,比如在出版业,人们只是从产业的角度认为中国出版走出去是指中国出版企业及其出版物通过出版物对外贸易、版权贸易输出等方式向国外流通。

根据联合国对2009年修订颁布的《所有经济活动的国际标准行业分类》(修订本第4版),新闻出版业属于"门类J:信息和通信",包括出版活动、电视节目的制作、电台和电视广播,以及其他相关的信息服务活动。

参照联合国对出版分类归属于信息和通信的定位,本研究把中国出版走出去界定为:中国出版从产业(文化产业的经济和文化属性)和产品(出版物)两个视角以及出版作为出版物内容传播的方式的角度向世界传播中国内容和中国文化并获取和建立有效的传播效力和效果。在本书中,中国出版走出去的内涵与中国出版的国际传播的含义一致。在行文中,本书使用国内人们惯用的中国出版走出去的表述,而论及其他国家的状况时则用出版的国际传播的表述。此外,本书主要是从传统纸质出版角度进行讨论的,几乎不涉及新媒体数字出版角度。

第四节 整体思路和研究方法

一、整体思路

本书从全球化视角,结合跨文化传播理念和硬实力软实力理论与文化传播的关系,聚焦中国出版走出去过程中话语权和传播力的构建,整体思路从以下几个方面布局。

1. 研究背景

经济全球化带来并促进文化的全球化传播。在跨文化传播理念引导下,中国文化走出去已成为中国政府主导的全球性跨文化传播工程。作为其中的一个主要组成部分,中国出版走出去具有极为重要的意义。

2. 问题的发现

尽管自2005年以来中国出版走出去工程取得了较为明显的成果,但中国出版走出去依然存在诸多问题,如传播面窄、传播效力低、影响力小等,离开真正意义上的中国出版走出去的目标还有不小距离。

3. 产生问题的原因

中国出版走出去存在的问题既有跟国家硬实力相关的因素,又有国际话语权和传播力方面的因素。比如中国经济的发展同时促进了中国出版的发展,中国业已成为国际出版大国,但从出版的国际话语权和传播力看,中国还不是出版强国。跟国际出版强国相比,如果从版权贸易绝对量、中国出版物对外贸易、中国出版的海外运营等指标来看,中国出版走出去还有大量工作要做。

4. 原因分析

中国出版走出去是中国国家文化软实力建设的一个重要组成部分。跟国际主流国家特别是欧美国家的出版国际传播相比,中国出版走出去在内涵、路径、形式、实践和效果等方面都存在较大的差距。通过分析可以发现,中国出版走出去在理论和实践上都有一个话语权建设和传播力建设的问题。

5. 对策的提出

在话语权和传播力理论指导下,结合中国出版走出去与跨文化传播的关系、与国家软实力的关系等,在全球视野下构建中国出版走出去的话语权和传播力,是解决中国出版走出去存在的问题并实现其国际传播效果的最主要对策。

6. 结论的获取

中国出版走出去是一个长期的实践过程。中国出版走出去的话语权和传播力构建,对提升中国国家软实力,对中国出版国际传播都将具有十分巨大的现实意义和实践价值,在全球化背景下跨文化传播的意义更是如此。

二、研究方法

本书采用理论—实践的框架以及文献阅读法、跨学科研究法、数据和案例分析等研究方法进行研究。理论部分充分结合全球化、跨文化传播、硬实力和软实力理论及其他国际关系理论,结合中国出版走出去理念进行讨论。实践部分将充分利用各类相关数据(中国出版和国际出版的数据)以及中国出版走出去的成功案例讨论中国出版走出去的话语权和传播力构建问题。

第五节 中国出版走出去的话语权和传播力构建研究的创新点、意义与价值

一、本研究的创新点

在广泛涉猎目前国内学术界对于中国文化走出去的研究成果,特别是中国出版走出去的研究成果后,笔者认为,如果本书能够达到预期效果并得出相应的结论,那么本研究将在四个方面具有创新点。

由于在中国出版走出去涉及的理念、战略、实践方法、手段以及效果(特别是该领域话语权和传播力研究)方面目前国内外缺乏专题研究的成果,已有论述散见于各类文化传播、出版产业研究、话语权和传播力研究的文献资料中,集中在对出版产业的经济学视角研究上,因此本书以全球视野下文化国际传播的角度考察中国出版走出去的话语权和传播力构建,至少在以下四个方面具有一定的创新点。

第一,将中国出版走出去作为文化国际传播的有机组成置于全球视野下进行考察,突破了现有研究中单纯将其作为产业输出实践的局部、单向性研究方式,视野更加开阔,视角更加完整,所提出的论点和论证将更加客观。

第二,本研究结合硬实力和软实力理论以及跨文化传播等国际关系及传播学理论和理念,将在一定程度上丰富出版国际传播的研究内容,加厚出版国际传播研究的学术性,将出版国际传播提升到文化国际传播的高度,并以此观照中国出版走出去,是对目前中国出版走出去内涵的某种程度上的丰富。

第三,本研究的焦点放在话语权和传播力的构建上,是目前国内研究中针对性和目的性较强、理论性和实践性结合较为密切的做法。目前对同领域课题研究成果的搜索和寻找的结果中还没有发现相似者,这是本研究要重点解决的中国出版国际传播战略对策问题,因而具有一定的研究领先价值。

第四,结合中国共产党十七届六中全会做出的《中共中央关于深化文化体制改革 推动社会主义文化大发展大繁荣若干重大问题的决定》中提出的发展现代传播体系、加强国际传播能力建设以及推进中华文化走向世界的要求,本研究的结论,特别是从话语权和传播力构建方面提出的建议和设想,对加强中国出版的国际传播能力建设具有较强的现实意义。

二、本研究的意义和价值

中国文化走出去是中国政府在全球化时代依据国家经济发展和世界发展趋势提出的国家战略之一,直接影响着中国作为一个和平崛起的大国在今后

一个历史阶段的发展路径以及世界对中国崛起的认识和接受,更加影响着中华文化在全球范围内的传播。

作为中国文化走出去的重要和有机组成部分,中国出版走出去以出版产业和出版传播的独有特性在全球化时代建立起中国出版的国际话语权,增强中国出版的国际传播力,发挥中国出版走出去在跨文化传播中的作用,从而有效地推进中国文化走出去,便因此具有了很强的现实意义。

另外,由于出版的产业特性以及出版活动的实践特性,中国出版的国际传播既可以以其经济属性融入中国硬实力的发展,从而进入全球化时代的国际经济贸易产生影响力,同时也可以具体的出版活动进行内容的传递和散播,带动中国文化的国际传播,影响国际公众的接受,增进他们对中国社会、政治、经济、文化的了解,从而使得中国出版走出去融入中国软实力建设和发展,提升中国国际形象,中国出版走出去因而同时具有了很强的实践价值。

以上两个方面是本书所做研究的意义和价值所在。

第二章 中国出版走出去的话语权和传播力构建研究的理论基础综述

全球视野下中国出版走出去这一问题首先是全球化过程中中国出版的国际传播问题。作为一个产业,出版的国际交流与沟通实践主要是一种市场行为。而因为其文化内容特性,出版的国际传播同时又是一个文化传播和交流过程,并对其他国家的公众产生影响。因此,一国的出版走出去既属于该国经济硬实力的有机组成,同时也是软实力特别是文化软实力的体现方式。因此,本研究论及中国出版走出去的理论基础包含全球化理论、软实力理论、跨文化传播理论等。同时,本研究在探讨中国出版走出去时主要提出中国出版走出去的话语权理论和传播力构建问题,因此本研究的另外两个理论基础是话语权理论和传播力理论。

第一节 全球化理论

全球化(globalization)已经成为媒体和日常用语中的热词。关于全球化的概念,国内外学者有众多定义,其基本共性的认知为,全球化指的是日益增长的经济、人和文化活动的全球性关系。从传播的视角出发,本研究认同托马斯·L. 弗里德曼(Thomas L. Friedman)的观点,即世界是平的,全球化贸易、外包、供应链以及政治力量已经永久性地改变了整个世界,不论其变得更好还是更糟。他认为全球化的步伐正在加快,其对商业组织及商业活动的影响会继续加大。[1]出版业的全球化也正发生着相似的变化。

包容性民主项目发起人、政治学者塔基斯·福托鲍洛斯(Takis Fotopoulos)将全球化分别从经济全球化、政治全球化、文化全球化乃至意识形态全球

---

[1] 维基百科英文版:Globalization,http://en.wikipedia.org/wiki/Globalization,2013 年 1 月 10 日访问。

化、技术全球化和社会全球化等角度进行解读。从文化全球化的视角出发,本研究认同福托鲍洛斯有关文化全球化的定义:文化全球化是指全球范围内文化的同质化(Cultural globalization was the worldwide homogenization of culture.)。

全球化一词自从20世纪60年代开始被经济学家和社会学家使用以来,其主要内涵一直指的是经济领域的内容,特别是国际贸易以及后来扩展到其他经济领域的活动。关于全球化,无论在理论层面还是实践层面,学者们的主要观点都认同这样一个共性,即全球化这一概念所指称的所有内容中,经济和贸易的全球化是全球化的起点。

联合国西亚经济与社会委员会提出的全球化的概念是一个"可以进行不同解读的术语。在经济语境下,全球化指为促进商品、资本、服务和劳动力的流通而减少或取消国家间的障碍……全球化进程在二十世纪的最后二十五年迅速发展……"在该组织对全球化的阐述中,人们不难看出,经济和贸易是其核心,而有关文化的内容则不见踪影。

Cato研究所的资深研究员汤姆·G.帕尔默(Tom G. Palmer)认为全球化"指国家实施的对跨国交换限制的降低或者取消以及由此导致的日益成为整体而复杂的全球生产和交换系统"。在帕尔默的这个定义中,有关经济和贸易的内涵已经被一般化为"交换",但依然与"生产"有关。不过人们不难理解,他对全球化的理解已经更为宽泛,因为"交换"可以扩大到除经济贸易商品之外的文化信息的交换。

以提出"平的世界"而闻名的托马斯·L.弗里德曼认为全球化经历了三个伟大的时代,分别为:从1492年持续到1800年的全球化1.0版本阶段,该阶段肇始于哥伦布远航开启新旧世界的贸易;从1800年左右持续到2000年的全球化2.0版本阶段,在这个阶段,全球经济诞生并成熟,出现了真正的全球市场,跨国公司成为推动全球一体化的重要力量;从2000年开始到现在及持续到将来的全球化3.0阶段,因为网络和软件,世界变得平坦,个人也成为全球化的推力。[1]弗里德曼的全球化三阶段论中,前两个阶段的主要核心依然是贸易和市场,但从第二个阶段起已经隐含了信息的交流以及至少从商业贸易角度出发的贸易文化的交流。而他认为的由软件和网络带来的全球化第三个阶段则明显隐含这样的意味,即当个人已经可以成为全球化的推力之一时,文化的交融或者跨文化交流和传播已经不是一个需要去过于关注的问题。

塔基斯·福托鲍洛斯在他对于全球化的阐述中明确地提出了除经济全球

---

[1] 托马斯·弗里德曼.世界是平的[M].何帆,肖莹莹,郝正非,译.长沙:湖南科学技术出版社,2008:8-9.

化外的其他类型的全球化,特别是提出了文化全球化的概念。这一概念显然为研究全球化背景下的跨文化传播提供了基础理论支持。

与塔基斯·福托鲍洛斯对全球化的认识有异曲同工之妙的是英国政治学者戴维·赫尔德(David Held)。他认为全球化是指"当代的更集中的图像和实践正在更大范围内和以更快的速度流动。无论是在国家层次还是国际层次上,经济和文化信息正变得越来越集中"[1]。

由此,人们可以发现,对全球化的完整理解应该基于这样一些方面:首先是经济的全球化,包含了贸易、金融、产业等的全球化,按照国际关系研究的理论范畴,经济全球化所涉及的内涵属于硬实力范畴;其次是在经济全球化过程中不断发展的技术的全球化,这是促进全球化趋势的工具动力;最后便是伴随着经济全球化和技术全球化而来的文化全球化,文化全球化是国家和区域文化在全球化过程中发生的思想、意义、价值观等的传播和流动而导致的文化趋同、融合、同化、消亡、多元化或者认同等。[2] 从国际政治角度看,文化全球化所涉及的内涵很显然跟软实力密切相关。

基于上述有关全球化理论特别是有关文化全球化的理论阐述,本研究认为从全球化视角特别是文化全球化视角出发,结合跨文化传播的主要理论和观点,对于研究中国文化走出去特别是中国出版走出去,具有明显的关联意义。

第二节　软实力理论

本研究中,硬实力和软实力采用国际关系中的概念本义,即将硬实力界定为一国的经济、军事等实力,将软实力界定为一国的文化和价值影响力等。由于事实上跨文化传播的能力和效果跟硬实力和软实力都存在密切的关联,因此本研究将结合这两个概念讨论中国文化走出去以及中国出版的国际传播,特别是硬实力和软实力在话语权和传播力构建中的作用。

全球化背景下的文化传播既跟经济贸易活动和人们的国际移动(如跨国旅游)等跨文化交际有关,又跟文化自身的内涵吸引力有关,后者便是文化软实力的反映。

软实力理论的提出者约瑟夫·奈对软实力/软力量所下的定义是这样的:软力量是通过吸引而非强迫或收买的手段来达己所愿的能力。它源于一个国

---

[1] 戴维·赫尔德. 全球大变革[M]. 杨雪冬,等,译. 北京:社会科学文献出版社,2001:507.
[2] 维基百科英文版:Cultural Globalization, http://en.wikipedia.org/wiki/Cultural_globalization, 2013年1月12日访问。

家的文化、政治观念和政策的吸引力。[1]文化全球化以及跨文化传播的实现虽然跟硬实力的作用密切相关,但一种文化是否能够被另一种文化的公众接受,最终取决于该文化的吸引力。"软力量是一种能够影响他人喜好的能力……这种引导个人喜好的能力常常与一些无形的资产联系在一起,比如:富有魅力的人格、文化、政治价值观和惯例,及具有合法性和道德权威的政策等。"[2]在当今全球信息化时代,"信息革命和经济全球化正在改变世界,使世界变小","软力量会变得日益重要"[3]。很明显,无论是在以经济为主导的国际关系中,还是在以文化为主导的国际关系中,软实力的作用和影响极为巨大。而出版作为文化传播的实施形态之一,其在国际的传播无疑是一国构建软实力的重要方式和手段之一。

第三节 跨文化传播理论

传播(communication)是指社会信息的传递或社会信息系统的运行,信息是传播的内容。传播的根本目的是传递信息,是人与人之间、人与社会之间,通过有意义的符号进行信息传递、信息接收或信息反馈活动的总称。[4]综合对传播概念的不同理解和解释,结合本研究对于中国文化特别是中国出版走出去话语权和传播力构建研究的需要,本研究认为,传播是(信息的)传递,是对传递过程和内容乃至结果的控制,是(对内容信息进行操纵与说服的)权力,是共享、互动和关系。[5]

跨文化传播(cross-cultural communication/intercultural communication)又被称为跨文化交流,是一个反映双向或者多向或多维度文化交流(国际文化交往和国内文化交往两种形式)的概念。

美国跨文化传播学者拉里·A.萨默瓦和理查德·E.波特将跨文化交流分成两种主要形式,即国际交往和国内交往。"国际交往是指那些来自不同国

---

[1] 约瑟夫·奈.软力量——世界政坛成功之道[M].吴晓辉,钱程,译.北京:东方出版社,2005:前言.
[2] 约瑟夫·奈.软力量——世界政坛成功之道[M].吴晓辉,钱程,译.北京:东方出版社,2005:6.
[3] 约瑟夫·奈.软力量——世界政坛成功之道[M].吴晓辉,钱程,译.北京:东方出版社,2005:29-30.
[4] 百度百科:传播,http://baike.baidu.com/view/69730.htm,2013年1月10日访问.
[5] 相关内容可参考刘海龙.大众传播理论:范式与流派[M].北京:中国人民大学出版社,2008.

家和文化的人们之间的交往。"[1]"国内交往指的是生活在同一社会群体中但具有不同文化背景的人们之间的交流。"[2]中国学者戴晓东认为,(跨文化交际是)"不同文化群体以及不同的文化成员互相交换信息、相互沟通、共同建构意义和身份的过程"[3]。

本研究将跨文化传播的概念界定为国际不同文化的交流传播。其中,对于出版的国际传播,本研究将之视为跨文化传播的有机组成部分,因为出版的功能便是传播知识和文化,出版的国际传播便是在国际通过出版行为进行的文化交流传播。根据不同学者的研究和论述,跨文化传播具有众多不同的类型。

为便于本研究的论述,有必要讨论一下出版与传播这两者之间的关系,并进而讨论跨文化传播与出版国际传播之间的关系。按照本书绪论中关于出版的概念的界定,出版是文献内容或信息生产和传播的过程,即让公众可获取信息的活动(publishing is the process of production and dissemination of literature or information—the activity of making information available to the general public)。[4] 这是一个更为广义的关于出版的定义。而《不列颠简明百科全书》则给出了一个狭义的出版的定义:传统上讲,(出版指的是)印刷品(包括图书、报纸、杂志和宣传册等)的内容选择、生产准备和发行;当代出版则包括了内容材料的数字化形式以及为数字电子出版传播而创作的内容材料等。上述两个关于出版的定义都说明,出版包含两个主要组成:一是内容以印刷或者数字的形式生产出来,二是以印刷或者数字的形式生产出的内容的传播。按照传播的定义,传播是信息在时间和空间的移动和变化[5],传播必须包含这样两个要素:信息(传播的材料)、流动(传播的方式),故而传播就是信息的流动过程[6]。此外,传播与文化之间也有着密切的关联。"传播首先是一种文化行为"[7],"文化是传播的基础,传播是文化的表征和积累"[8]。很明显,出版具备了传播的定义所必需的要素,即信息(出版的内容材料)、流动(即出版的内容以图

---

[1] 拉里·A.萨默瓦,理查德·E.波特.跨文化传播[M].4版.闵惠泉,贺文发,徐培喜,译.北京:中国人民大学出版社,2004:4.

[2] 拉里·A.萨默瓦,理查德·E.波特.跨文化传播[M].4版.闵惠泉,贺文发,徐培喜,译.北京:中国人民大学出版社,2004:51.

[3] 戴晓东.跨文化交际理论[M].上海:上海外语教育出版社,2011:51.

[4] 维基百科英文版: Publishing, http://en.wikipedia.org/wiki/Publishing, 2013 年 1 月 10 日访问.

[5] 戴元光,金冠军.传播学通论[M].2版.上海:上海交通大学出版社,2007:2.

[6] 胡正荣,段鹏,张磊.传播学总论[M].2版.北京:清华大学出版社,2008:52.

[7] 李岩.传播与文化[M].杭州:浙江大学出版社,2009:序.

[8] 李岩.传播与文化[M].杭州:浙江大学出版社,2009:序.

书等载体通过发行传播到受众),因而出版就是传播的一种形式,出版传播便是内容信息向受众的流动传播。由于出版的内容是各种知识文化的浓缩和总结,因而本研究认为,出版传播便是文化传播。这个概念的确定是将出版国际传播与跨文化传播进行关联的基础。

本研究所能接触和收集到的各类文献资料并没有关于出版国际传播的定义,但根据上述有关出版的定义和传播的定义以及出版跟传播的关系的论述,本研究对出版国际传播的概念做这样一个界定:出版国际传播是指一国出版的文化内容以印刷或者数字的形式通过出版物贸易、网络或者版权贸易授权等形式向他国公众进行传播并影响他们的过程。

在出版与传播的关系中,本研究认为同时还需要对互联网时代的数字出版传播有个基本的认识,尽管数字出版传播并非本研究的主要内容(本研究几乎很少涉及数字出版传播)。

数字出版,又被称为新媒体出版,是指基于数字和网络技术,以数字传播方式为媒介的出版活动和产业,是与传统的纸媒体或称纸质出版相对的一个概念。数字出版传播和纸质出版传播是当今出版以媒介形式区分的两种最常见的出版传播形式。[1]

在全球化趋势日益明显的今天,由互联网和数字技术带来的信息传播形式和手段的改变直接影响到了跨文化传播的形式和手段。可以这么认为,互联网上信息的传播已经打破了传统纸质媒体和广播电视媒体的优势并且使得互联网发展成第四媒体,内容和信息的传播已经打破了包括国家在内的界线。可以这么认为,因为互联网的普及和数字技术的发展,传播的全球化已经实现,数字网络环境下跨文化传播的效果也相应得到了新的强化。

由于受篇幅和整体结构的限制,本研究主要集中在传统纸质出版的国际传播上,有关数字出版及其国际传播问题有待以后研究。

第四节 话语权理论

话语权,简而言之,就是控制舆论的权力,是信息传播主体潜在的现实影响力。一国的文化领导权或者说话语权通常能够在其硬实力和软实力支撑下产生影响,并进而实现其文化传播的效力。话语权决定了文化传播的影响力,作为媒介的话语权则是指媒介对受众所产生传播效果的潜在的现实影响力。在信息传播活动中,话语权一般有两种,一种是信息传播主体的话语权(媒介帝国主义理论),另一种是媒介之间的话语权控制(广播、电视、报纸、杂志以及

---

[1] 有关数字出版的定义,可参见维基百科,http://en.wikipedia.org/wiki/Digital_publishing。

网络等)。在全球视野下,文化国际传播的话语权既是意识形态工具的话语权,又跟媒介的话语权紧密关联。出版作为一种媒介形式,也存在着出版话语权的现实。

　　话语权是当今国际文化和传播研究领域受到较大关注的一个概念。就其本质而言,话语权属于权力或者力量(power)的一种。因此,本书首先有必要对权力的概念进行梳理。约瑟夫·奈认为,"力量意味着获得所期望结果的能力","是指对他人的行为施加影响以达到自己所期望结果的能力"[1]。他还将权力或者力量定义为"所拥有的可能影响结果的能力和资源"[2]。权力是影响力的度量尺度,反映出资源的内容和多寡(Power is a measurement of an entity's ability to control its environment, including the behavior of other entities.)。[3]由于本研究的对象是文化传播,因此强调的是作为权力的表现形式之一的在经济权力(硬实力)等影响下与软实力相关联的文化权力,其中话语权是讨论的重点。

　　福柯在《话语的秩序》中提出,话语就是人们斗争的手段和目的。话语是权力,人通过话语赋予自己以权力。福柯认为,权力完全是唯名论式地呈现为"人们赋予复杂的策略性社会鲸鱼的一个名称"[4],他将知识与权力的联系解读为"配置",即"由话语设置、机构设置和建筑设置……构成的异质总体",以取得"特定策略效应"(即话语权地位)[5]。

　　中国学者认为,话语权是文化软实力的重要指标。张铭清给出的话语权的定义为:话语权是传播学概念,指舆论主导力。国际话语权是指通过话语传播影响舆论、塑造国家形象和主导国际事务的能力。[6]"话语权包括理论、思想、价值、理念、议题、政策、主张等。"[7]

　　综合以上论述,就本研究而言,话语权是指在软、硬实力的共同作用下,在文化的国际传播过程中,对其他文化及该文化人群施加和产生影响以达到文化传播目的的地位和资源。根据这一定义,结合作为文化国际传播有机组成

---

[1] 约瑟夫·奈.软力量——世界政坛成功之道[M].吴晓辉,钱程,译.北京:东方出版社,2005:1-2.

[2] 约瑟夫·奈.软力量——世界政坛成功之道[M].吴晓辉,钱程,译.北京:东方出版社,2005:3.

[3] 维基百科英文版:Power, http://en.wikipedia.org/wiki/Power_(sociology)JHJcite_ref-0,2013年1月20日访问。

[4] 转引自菲利普·萨拉森.福柯[M].李红艳,译.北京:中国人民大学出版社,2010:185.

[5] 转引自菲利普·萨拉森.福柯[M].李红艳,译.北京:中国人民大学出版社,2010:190.

[6] 张铭清.文化软实力的重要指标:话语权[C]//张国祚.中国文化软实力研究报告(2010).北京:社会科学文献出版社:164.

[7] 张铭清.文化软实力的重要指标:话语权[C]//张国祚.中国文化软实力研究报告(2010).北京:社会科学文献出版社:164.

部分的出版的国际传播,便存在着出版国际传播中的话语权问题。[1]

第五节 传播力理论

传播力指的是传播的效力和影响。传播力必须通过媒体来实施和实现。所谓媒体传播力,实际上是指某种媒体通过各种传播方式的组合,将信息扩散,导致产生尽可能好的传播效果的能力。它包括传播的信息量、传播速度与精度、信息的覆盖面以及影响效果。在特别注重"影响力"的媒体环境下,媒体之间竞争的实质就是传播力的竞争。

在文化的国际传播,包括出版国际传播中,如果说话语权是属于文化、思想等的主导性软实力的话,那么传播力便属于文化传播实施中的主导性硬实力。关于传播力,学术界迄今对其界定有着众多的表述。国内学者刘建明认为:"传播力是媒介传播力的简称,指媒介的实力及其搜集信息、报道新闻、对社会产生影响的能力。"[2]他认为:"从外在层次上看,传播力包括媒体规模、人员素质,传播的信息量、速度、覆盖率及社会效果,其中传播效果是媒介传播力的主要表征。"[3]这个界定的出发点是将媒介作为传播的主体。而另外一位学者郭明全则将传播的主体扩展到社会机构、组织、团体甚至个人,提出传播力就是竞争力。[4]对于传播力的这两个界定,张春华认为前者侧重传播作为大众传媒的本质职能,后者则强调社会组织运用各种传播手段进行传播以促进自身职能实现,分属"大众传媒传播力"和"社会组织传播力"范畴。[5]目前学术界对于传播力的研究基本有这样四种论说,即传播能力(capacity)、传播力量(power)、传播效果(effect)和综合说。从传播能力的角度界定,美国学者格拉汉姆·威廉森(Graham Williamson)认为传播力是指传播者和受众成功地对信息进行编码和解码的能力;而为达到高效的传播效果,传播者必须展示出一定程度的传播力。[6]中国学者孟锦认为传播力是指传播载体的数量、传播机构的数目、从业人员的数量、传输技术、传播速度等,这些硬件构成传播力的基础。[7]也有学者认为媒体传播力就是指一个媒体通过各种传播方式的组合,将信息扩散,产生尽可能好的传播效果的能力。从传播力量的角度界定,

---

[1] 百度百科:话语权,http://baike.baidu.com/view/683325.htmJHJ2,2013年1月10日访问。
[2] 刘建明.当代新闻学原理[M].北京:清华大学出版社,2003:37.
[3] 刘建明,等.新闻学概论[M].北京:中国传媒大学出版社,2007:40.
[4] 郭明全.传播力——企业传媒攻略[M].南京:南京大学出版社,2006:序言.
[5] 张春华.传播力:一个概念的界定与解析[J].求索,2011(11):76.
[6] Graham Williamson. Communication capacity, http://www.speech-therapy-information-and-resources.com/,2011年4月4日。
[7] 孟锦.舆论战与媒介传播力关系探微[J].军事记者,2004(10):32.

西班牙学者 Manuel Castells 指出,随着传播技术革命的推进,大众传媒已成为政治经济力量角逐的场域,力量掌握在那些理解并能够控制传播的人手中。[1]换言之,传播力是一种实力。传播力中的传播效果是指传播者发出的信息经媒介传至受众而引起受众思想观念、行为方式等的变化[2],因而是传播力的主要表征。而将上述观点综合起来,则有学者认为"传播力就是一个媒体的传播能力与传播效果"[3]。中国学者张春华提出:"对于大众传媒而言,传播力是其本质职能的彰显,是一种能力,一种到达受众、影响社会、充分发挥大众传媒社会功能的能力;对于社会组织,传播力更强调的是传播效果,即社会组织通过各种传播手段组合构建的形象是否与自身定位或期望相符的问题。"[4]

综合上述国内外学者对传播力的论说和观点,本研究糅合传播能力和传播效果,对传播力给出这样的定义:传播力是媒介或者组织使用自身或其他传播途径实现其传播效果的能力和效力。

在讨论中国出版走出去构建传播力时,本研究还采用钻石模型理论来分析中国出版的国际竞争力。关于钻石模型理论的基本内容,本研究将在论及出版的国际竞争力部分时进行介绍。

第六节　本章小结

本章主要根据本书讨论研究的方向,将中国出版走出去的话语权和传播力构建研究所涉及的理论基础结合出版的国际传播及中国出版走出去的内涵等,对全球化理论、软实力理论、跨文化传播理论以及话语权理论和传播力理论进行了综述,以期为本书后面的论述做好理论铺垫,并为本研究内容的开展提供理论上的指导。中国出版走出去是中国文化走出去的有机组成部分。从文化走出去的视角看,中国出版走出去涉及文化软实力和跨文化传播问题,话语权和传播力则是本研究的主要研究对象。因此对上述理论的梳理将有助于本研究的阐述。

---

[1] Manuel Castells. Communication power[M]. Oxford: Oxford University Press,2009:37.
[2] 胡正荣,等.传播学总论[M].2版.北京:清华大学出版社,2008:228.
[3] 张春华.传播力:一个概念的界定与解析[J].求索,2011(11):77.
[4] 张春华.传播力:一个概念的界定与解析[J].求索,2011(11):77.

第三章　全球视野下的国际出版与出版的国际传播

在全球视野下考察中国出版及中国出版走出去，首先需要将中国出版纳入全球化范畴进行考察。全球化首先是一个经济意义上的概念。在经济全球化和文化全球化的现实语境下，出版作为一种文化传播形式和途径以及产业，具有其特殊的经济特性和文化影响力。出版过程的经济特征和出版内容的文化特征是出版迥异于其他产业的特点。作为一个产业，出版的经济特性决定了一国出版业可以归入其国家经济硬实力范畴，不论其所占比重大小如何。而作为一种传播形式和途径，出版的内容传播和文化特性则又使得一国出版业同时具备了国家软实力特别是文化软实力的特征。无论是从经济视角还是从文化视角看，出版都可以被看作国家硬实力和软实力的有机组成。有学者认为，出版产业发达的国家往往也是文化软实力的强国。[1]就全球范围而言，国际出版实际也基本证明了这个观点的合理性。从各类经济数据分析和国际出版现状分析，人们不难发现，出版的国际传播流向跟一国的硬实力具有很明显的相关性。相应地，目前出版的国际传播呈现出这样三个现状和格局：一是由传统出版大国向出版业相对较弱的其他国家和地区传播；二是从出版强国向其他区域包括其他出版强国传播；三是由新兴出版大国向其他区域传播。

第一节　国际出版业现状

从全球范围看，国际出版业现状分布跟两个因素相关。一是传统文明和文化发达地区，其出版业相对较为发达。比如，以欧洲和亚洲两大文明板块看，作为基督教文明和西方传统文化的发达地区，欧洲的英国、法国、德国等均是目前国际出版大国和强国。而在亚洲，作为亚洲文明和东方传统文化的主

---

[1] 肖东发：借鉴国外出版创新经验，提升我国文化软实力（一）[J].出版广角，2012(2):6.

要代表,中国、印度等国家的出版业相对较为发达。日本作为兼具东西方文明和文化特性的国度,也是亚洲乃至国际出版大国和强国。二是世界经济发达地区,其出版业的发展及实力要明显地强于世界经济落后地区。比如,西方发达国家如美国、英国、德国、法国等均是当今国际出版大国和强国,亚洲的日本也不例外。而中国目前已经成为全球第二大经济体,其国民生产总值总量已经跃居世界单个国家经济体的第二位,仅次于美国。[1]这跟其经济地位一致,中国目前也已经跻身于国际出版大国之列(关于中国出版的现状及其在国际上的地位,本书在第四章将会做专门论述)。

一、国际出版业整体状况

国际出版商协会(IPA, international publisher's association)在其发布的《绘制2012年全球出版市场地图》(*Drawing the Global Map of Publishing Markets 2012*)[2]中列出了全球范围内20个主要出版大国的出版商净收入以及出版市场市值等数据,2011年全世界出版总值以消费价格市值计算为1056.14亿欧元。这些出版大国主要分布在北美洲、欧洲、亚洲、南美洲和澳洲,非洲没有一个国家进入出版大国行列。其中排在前13位的国家中,北美洲占两个(美国和加拿大),欧洲占6个(德国、法国、英国、意大利、西班牙和俄罗斯),亚洲占4个(中国、日本、印度和韩国),南美洲占1个(巴西)。本书分别选择欧美和亚洲的若干出版大国来说明国际出版业的现状,并以此为基础分析目前国际出版的国际传播格局。

二、欧美及亚洲若干国家出版业现状

(一) 欧洲

欧洲是国际传统的出版业历史悠久并且发达、出版市场较为繁荣的区域。除了欧洲文明发展的因素外,古登堡1450年发明印刷机引发的出版技术改进以及欧洲在15世纪就出现的图书贸易市场(比如1480年德国的法兰克福书市等)对欧洲出版业的发展起到了巨大的促进作用。就目前而言,英国、法国和德国等欧洲国家依然是国际出版大国和强国。欧洲也是国际上最早开展图书对外贸易以及版权贸易的区域。在大半个20世纪,欧洲出版的图书特别是英语图书都在国际图书贸易市场上占据主导地位。通过对这三个欧洲国家的

---

[1] 详细数据请参见国际货币基金会2012年4月发布的World Economic Outlook Database, http://www.imf.org/external/pubs/ft/weo/2012/01/weodata/index.aspx。该数据显示,2011年度美国的GDP总值为15094.025百万美元,中国为7298.147百万美元,日本为5869.471百万美元。

[2] 见http://www.internationalpublishers.org/index.php/-industry-policy/statistics,2013年1月21日访问。

出版业概况的分析,我们不难发现欧洲出版的国际传播基础和现状。

1. 英国

据不完全统计,英国注册登记的出版机构,年出书100种以上的大出版公司有40余家,年出书50~100种的中型出版公司有340多家。根据国际标准书号(ISBN)出版社前缀登记统计,2009年英国共有3007家出版社,其中,销售额超过100万英镑的出版社为290家,超过500万英镑的则有90家。英国属于世界出版强国,根据2006年的统计,英国国内图书市场价值列世界第5位,位居美国、德国、日本和中国之后,约占世界图书市场总价值的5%左右。[1]而根据国际出版商协会的统计数据,2011年英国的出版总值达到了40.80亿欧元,位居全球第6位。[2]英国图书出版基本情况见表3-1。

表3-1 英国出版业(图书部分)基本情况[3]

年份	新书品种(种)	产值(亿英镑)	备注
2006年	86000	23	
2007年	119465	29.95	
2008年	129057	数据缺	
2009年	133224	数据缺	

英国图书出版业在国际出版业中独树一帜的一个特点是其图书对外出口所占据的比例非常高。2007年到2009年英国出版商图书销售额统计数据显示,英国图书国内市场销售基本在19亿英镑左右,而其出口则达到了12亿英镑左右。这可能跟英国对其以前的殖民地和其他英语国家还有着很大的影响有关,而且由于英语是一种国际语言,英国出版的英语教学类图书也占有着较大的海外市场份额。不管怎样,英国图书出口以及版权输出对传播以及扩大由英语这种国际通用语言所搭载的英国文化很显然具有巨大的作用。

2. 法国

法国是一个文化大国,法兰西文化所独具的魅力在全球都具有相当大的影响,其出版业则是法国文化产业的支撑,同时也是对外传播法国文化的重要

---

[1] 大佳网:英国出版业,http://www.dajianet.com/world/2009/0223/90758.shtml,2009年2月23日。

[2] 国际出版商协会(IPA),Drawing the Global Map of Publishing Markets 2012,http://www.internationalpublishers.org/index.php/-industry-policy/statistics,2013年1月21日访问。

[3] 大佳网:英国出版业,http://www.dajianet.com/world/2009/0223/90758.shtml,2009年2月23日;Books in the United Kingdom,Industry Profile,www.datamonitor.com,转引自百度文库:2009英国出版业行业报告,http://wenku.baidu.com/view/faac40283169a4517723a3f2.html;综合英国尼尔森图书系统统计。

路径。

受出版市场不景气的影响,2011年法国共出版新书约9000种[1],与英美等国相比有相当大的差距。即便如此,法国2011年度的出版总值仍然达到了45.87亿欧元[2],排在英国之前,位列全球第5位。

由于法国政府给予本国出版业出口整套的保护和支持措施,因此法国也是当今国际图书出口大国。相关资料显示,法国的图书销售额和版权贸易量占到了全世界的14.7%。[3]这无疑对法国出版的国际传播、法国图书作品的扩大以及法国文化的全球影响起到了积极的作用。

3. 德国

德国是国际出版大国,同时也是出版强国。德意志民族传统的对阅读的爱好使得德国国内已拥有一个相对稳定的图书市场和较为广大的读者群。类似于贝塔斯曼书友会这样的读者俱乐部在德国的成功便是一个明证。与此同时,德国图书在国际上也具有一定的影响力。

2009年统计数据显示,德国图书出版量在国际上仅次于美国,占第2位。[4]但近年来,随着中国出版业的发展以及其他诸如数字网络出版的兴起,德国出版业的国际地位开始略有下降。根据国际出版商协会发布的统计数据,按照出版市场市值计算,目前德国列全球出版业第3位[5],其2012年的出版市场市值为63.5亿欧元。

据不完全统计,德国共有注册出版社1.5万家,但成规模的出版社为2000多家,年出版图书新书品种基本稳定在8万到9万种。由于其国内图书市场较为成熟,因此德国出版在向国际传播方面一直落后于美英等出版大国,其出版走出去一直未能取得跟其出版业国际地位相称的成就。但近年来德国政府以及德国出版业也开始采取必要的措施,重视出版走出去。[6]

(二) 美洲

美洲尤其是北美出版业的传统源自其欧洲殖民者,历经数百年发展,特别是美国出版业在国际出版版图上占有极其重要的地位。北美出版业承继了欧

---

[1] 甄西.法国出版2012年盘点[J].出版参考,2013(1上):50.
[2] 大佳网:英国出版业,http://www.dajianet.com/world/2009/0223/90758.shtml,2009年2月23日;Books in the United Kingdom, Industry Profile, www.datamonitor.com,转引自百度文库:2009英国出版业行业报告,http://wenku.baidu.com/view/faac40283169a4517723a3f2.html;综合英国尼尔森图书系统统计.
[3] 崔斌箴.法国政府对图书出口很"给力".[J]出版参考,2011(3下):42.
[4] 大佳网:德国出版业,http://www.dajianet.com/world/2009/0223/90735.shtml,2009年2月23日.
[5] 肖东发,等.借鉴国外出版创新经验,提升我国文化软实力(一)[J].出版广角,2012(2):6.
[6] 崔斌箴.德国出版"走出去"正在重铸辉煌[J].出版参考,2012(7上):50.

洲出版传统,并随着其政治、经济、科技、历史、文化的发展而超越了欧洲,成为国际出版业的龙头。北美出版大国以美国和加拿大为主,其中美国出版业在国际出版业中更是独领风骚。

据统计,美国全国约有出版机构6.3万家,其中每年新出图书品种超过100种的出版社约有150家,每年出版新书50~100种的出版社约有1000家,其余均为小型出版社或者个人出版社。[1]美国年出版新书约12万种。根据2006年的相关统计数据,美国国内图书市场占世界图书市场总价值的30%[2],根据2011年的统计数据,美国国内出版总值达到了3.1亿欧元,位列全球第一[3]。而2012年美国市场的图书总销售额则达到了271亿美元,图书出版业继续呈现繁荣景象。美国是名副其实的国际第一出版大国。美国出版产业的基本市场状况见表3-2。

表3-2 美国出版产业的基本市场状况[4]

年份	纯销售额(亿美元)	净销量(亿册)
2008年	265	24.74
2009年	271	25.14
2010年	279	25.7

美国出版存在一个独特的并且对美国出版全球影响产生积极作用的方面,那就是美国版权产业的影响。美国是全球最早开始进行版权相关产业的经济贡献调研并且是进行这方面研究最积极、最全面和最深入的国家。[5] 2010年美国版权产业的海外销售额达到了1340亿美元,大大超过了飞机、汽车、农产品、食物和制药等其他产业。其影视版权、图书版权和其他版权的对外输出极大地促进了美国文化产业的全球影响力和传播范围,版权产业成了美国出版走出去以及美国文化国际传播的强有力推手。单纯就图书版权输出而言,美国2011年向中国输出的图书版权就达到1077种,占当年中国图书引

---

[1] 雾谷飞鸿.美国出版业的无为而治[N],21世纪网,http://www.21cbh.com/HTML/2010-8-26/wMMDAwMDE5NDQwMw.html,2010年8月26日。
[2] 大佳网:美国出版业概况,转引自新浪读书,http://book.sina.com.cn/2012-09-26/1133339171.shtml,2012年9月26日。
[3] 大佳网:英国出版业,http://www.dajianet.com/world/2009/0223/90758.shtml,2009年2月23日;Books in the United Kingdom,Industry Profile,www.datamonitor.com,转引自百度文库:2009英国出版业行业报告,http://wenku.baidu.com/view/faac40283169a4517723a3f2.html;综合英国尼尔森图书系统统计。
[4] 数据来源:美国出版商协会,http://publishers.org/bookstats/highlights/,2011年8月发布。
[5] 香江波.美国版权产业经济贡献的最新研究[J].出版参考 2013(1上):51.

进版权5922种的18%强。[1]

(三) 亚洲

亚洲由于其悠久的历史文化以及数千年东方文明的传承,其图书出版业自古至今都发展得较为成熟。其中以中国文化为代表的汉文化圈国家几乎都有着共同的图书文化,只要有条件,人们也都以读书为一件值得称道的事。而在全球范围内,亚洲的中国、日本、印度、韩国等都已经进入国际出版大国之列,此外,像新加坡、中国台湾和中国香港等国家和地区的出版业也都相当发达,并在全球范围内具有一定的影响力。

1. 日本

日本是亚洲出版大国,也是国际出版大国。日本全国在1986年拥有出版社4183家[2],根据日本"2009年出版社名录"发布的数据,日本2008年有出版社3979家[3]。1995年日本出版的《出版年鉴》列出了4487家出版商/社[4],2010年日本全国约有4000家出版社。根据国际出版商协会的统计,2011年日本的出版总值为712.9亿欧元,位列全球第4位。

日本出版业特别是图书出版拥有巨大的国内市场,其与图书相关的对外版权贸易是日本图书或者日本出版走出去的重要途径。日本的动漫类图书、文学作品等是其对外版权贸易中最受欢迎的图书类型。特别是日本出版的动漫类图书,海外市场销售已经突破100亿日元,其主要出口国为亚洲的中国、韩国等,欧洲的法国、意大利、西班牙、德国等,以及北美洲的美国、加拿大等[5],在全球范围内产生了传播热和相当的影响力。

2. 印度

印度的官方语言之一是英语,其出版业在跟国际其他区域的交流中因此具有一定的优势。据不完全统计,现在印度有近2万家出版商,每年出版图书8万余种,其中英语图书占20%。印度是全球范围内仅次于美国和英国的第三大英语图书出版国。[6]印度出版业借助英语语言优势积极参加各类国际书展等向外推广其出版物,向全球传播独特的印度文化。根据国际出版商协会的统计,目前印度国内出版市值位居全球第10位,排在加拿大、韩国和俄罗斯

---

[1] 见《2011年全国新闻出版业基本情况》,数据来源:新闻出版总署网站,http://www.gapp.gov.cn/cms/cms/website/zhrmghgxwcbzsww/layout3/xxml33.jsp?infoId=762198&channelId=1392&siteId=21,2012年8月9日。

[2] 百度百科:日本出版业,http://baike.baidu.com/view/4412048.htm。

[3] 大佳网:日本出版业与传媒业,http://www.dajianet.com/world/2009/0929/90752.shtml,2009年9月29日。

[4] 杨贵山,种晓明.海外出版业概述[M].苏州:苏州大学出版社,2007:125.

[5] 盛力.关于日本出版业的现状考察及启示[J].中国出版,2012(7上):65.

[6] 崔箴斌.印度出版业带来的精彩和启发[J].出版参考,2010(9上):42.

等出版大国之前。

3. 韩国

韩国也是亚洲乃至国际出版大国之一。资料显示,韩国注册的出版社数量甚至超过了印度,多达近3万家,但每年能够连续开展市场出版运作的则不到3000家。韩国出版社每年出版发行4万余种新书,其中引进翻译出版的图书品种要占到三分之一,这是韩国出版业很独特的一个现象。[1]韩国图书的国际传播则主要以版权输出为主,输出目的地以亚洲国家为主,像中国大陆、日本等。

通过上述对全球范围内出版业概况特别是对出版大国和强国基本情况的分析,我们不难发现这样一个基本事实,即在全球范围内,国际出版业整体呈现这样的基本格局:经济发达的国家和地区,其出版业(跟其他文化产业类似)也较为发达。这一点在美国、不少欧洲国家以及亚洲的日本等表现得非常明显。新兴经济体国家的出版业相对也比较发达,如中国、印度、俄罗斯和巴西等国家的出版业便是如此。此外,具有悠久历史文化的文明国家,其出版业也表现出其文化传承及传播的生命力,如中国、印度、欧洲国家等。这个基本事实对于本研究考察出版的国际传播格局并进而分析出版对于文化传播的作用有着重要的价值,而这也正是出版业所体现出的国家硬实力(产业经济)和软实力(文化积累与传播)的特性与视角。

第二节 出版的国际传播模式和格局

国际传播是一个跨学科的概念,它涉及大众传播和跨文化交流、国际关系、国际组织、经济和文化等领域,包括两个部分,即由外向内的传播和由内向外的传播。前者是指将国际社会的重要事件和变化传达给本国民众,后者则是指把有关本国政治、经济、文化等方面的信息传达给国际社会。[2]出版活动既是一种产业经济活动,又是以文化信息为主要内容的传播活动。出版物(如图书)既是一种物质产品又是一种内容媒介。因此,就一国或一个地区的出版活动的传播特性而言,同样存在这两个方向的传播功能。因此,本研究这样界定出版的国际传播,即一个国家或者其组织通过出版活动将本国的政治、经济、文化等方面的信息传达给国际社会。由于出版活动的成果最终以图书、报刊等物理形式以及新媒体环境下的数字形式呈现,而出版内容的传播必须通

---

[1] 杨状振.韩国出版发行业运营现状扫描[J].对外传播,2010(5):54.
[2] 百度百科:国际传播,http://baike.baidu.com/link?url=SQsPvsEFTBwrYUWwm7V0vf3jZiRqoEkTayLiHexCU5g387R0Z2KXNfjDieD_hkuJ,2013年11月1日访问。

过这些呈现形式来实现并产生效果,因此本研究把出版的国际传播界定为出版走出去——以物理的形式将内容信息传播给国际社会。

一、出版的国际传播的主要模式

有学者研究认为,产业或者企业进入国际市场或者走出去的模式主要有三种:第一是出口;第二是非股权进入或者是契约模式(合同或特许经营等);第三是投资模式。[1]本研究借鉴企业走出去的基本模式来分析出版国际传播或者说出版走出去的模式。根据目前全球范围内出版业的实践和惯例,对应上述三种模式,出版的国际传播的主要途径和模式主要有以下几种。

第一是出版物国际贸易,亦即出版物的进出口贸易。由于图书等出版物具有商品的属性,因此实现出版走出去最便捷和有实效的方式便是国际贸易。出版物国际贸易是伴随出版、印刷、交通运输以及信息传递(亦即大众媒介传播冲击)等发展起来的。通过国际贸易,一国的出版物得以进入其他国家,从而向其他国家及其读者传达本国的各类信息和文化。从这个意义上讲,出版物进出口贸易客观上起着文化交流的作用。

第二是版权贸易。版权贸易是指通过对已有版权作品的使用而产生贸易的行为,由版权所有人将其对作品拥有的部分或全部经济权利(即版权贸易的客体)通过许可、转让等方式授权给使用者而产生,属于许可证贸易范畴,其本质是贸易行为的一种。[2]通过版权贸易将作品的翻译、重印、改编等权利转让给其他国家的出版机构进行出版,从而将作品的内容以原出版文字或者其他国家的文字提供给其他国家的读者,实现内容信息的传播。版权贸易在全球出版传播中起着举足轻重的作用,有力地推进了国际文化的交流和传播。在不同类型的版权贸易(如影视、戏剧、音乐、出版物等)中,国际图书版权贸易表现得尤为活跃,已经成为国际出版和文化交流传播的重要形式。

第三是出版企业对外投资。通过到对象国投资,建立合资或独资的出版企业,在其他国家直接开展出版活动,出版企业将反映本国政治、经济、文化等内容信息的出版物直接在其他国家进行发行,以更快捷、更符合其他国家读者需求的方式实现出版传播。除此之外,通过并购、参股等投资方式,出版企业也同样能够更直接地实现出版的国际传播活动,包括其自身品牌的扩张传播等。国际上诸多大型出版集团的并购,比如企鹅书屋和兰登书屋的合并等,均属于这种模式。

随着互联网和数字传播已经成为国际传播的一种全新形态,互联网技术

---

[1] 王雪.我国企业国际市场进入模式选择研究[D].山东大学,2007.
[2] 百度百科:版权贸易,http://baike.baidu.com/view/1435896.htm,2013年11月2日访问。

和数字技术不断发展,新媒体平台业已出现,通过电子商务和新媒体平台实现出版产业链的延伸并实现出版的国际传播正日益成为一种新的模式。[1]比如亚马逊网站,其自身已经成为一个营销和出版的综合平台,在全球范围内进行出版的国际传播。不同国家及其出版活动正越来越多地使用这一模式来对其他国家传播其各种信息。

不论是通过出版物国际贸易还是版权贸易抑或是海外出版投资等方式,上述出版活动的终极目的无非是两个,其一是获取最大经济效益;其二则是在获取经济效益的同时,将出版物的内容通过不同的方式传递给受众,从而实现信息的国际传播。

二、出版的国际传播现状和格局

通过对当今全球出版业基本状况和产业数据以及部分国际出版大国出版业现状的分析,结合上文有关出版的国际传播的主要模式的介绍,本研究发现,在全球范围内,出版的国际传播现状和格局呈现出这样几个明显的特点。

1. 从传统出版大国向其他区域传播

以传统出版大国英国为例。英国十分重视其出版物的全球推广,其出版企业也利用自身优势进行全球化经营,从而达到其出版的国际传播的最大效益。由于英语是当今国际通用语言,英国出版具有天然的优势,故而英国出版的英语图书对外出口在许多年里一直位居全球第一,出口目的国遍及全球各大洲,直到前几年其地位才被美国超越。著名的牛津大学出版社通过在美国设立纽约分部出版以美式英语为主的图书进入美国图书市场;DK 出版公司先后在美国、法国、德国、澳大利亚等成立了分公司开展出版活动;有的通过收购或者兼并国外出版公司打入国际出版市场,如里德出版公司于 1993 年合并了荷兰的爱思唯尔公司成立里德—爱思唯尔出版公司;培生出版集团(现已更名为培生教育集团)更是曾经一度成为北美排名第一的大型集团公司。

英国的出版公司十分重视图书版权贸易。英国是世界上最早开展图书版权贸易的国家,每年输出版权的数量排世界首位。根据欧盟信息检测局的统计数据,"英国每年的版权收入在 180 亿英镑左右,占全球各种版权收入的 15%,远远超过英国每年的图书零售总额"[2]。《哈利·波特》系列小说等在全球范围的翻译出版以及获得的巨大商业成功及其对全球青少年读者产生的影响便是一个最好的例证。大量的版权输出以及巨额的图书出口,使得英语文化,也包括英国的社会、政治、经济、文化等信息源源不断地传播到世界其他

---

[1] 杨庆国,孙梦雨.我国出版产业国际市场进入模式选择研究[J].中国出版,2012(11 下):13.
[2] 毕佳,龙志超.英国文化产业[M].北京:外语教学与研究出版社,2007:68.

国家。除了获取巨大的经济利益之外,英国的文化软实力也由此通过其出版的国际传播而得到提升,影响力得到扩大。在这背后,则是英国政府通过英国文化委员会给予其出版业的支持和扶持,每年出资上百万英镑向海外推广英国图书,向包括中国在内的国家推广其英语语言和英语文化。

其他传统出版大国如法国等也采取类似的模式积极推进其本国出版的走出去战略。法国政府对出版业在税收等方面均有优惠政策,其出版物在原法国殖民地国家等保持着巨大的影响力。法国是个文化大国,其众多作家的作品都具有全球声誉,从中国读者所熟悉的米兰·昆德拉的作品译介到中国后所产生的巨大影响便可见一斑。德国在历史上便是出版大国以及欧洲图书的集散中心(15 世纪末法兰克福书市便存在了),其出版物在欧洲影响力极大。但随着其他国家出版业的崛起,以及受德语语言传播的局限,德国出版走出去近年来遭遇了巨大的危机。目前德国的贝塔斯曼、霍兹布林克以及斯普林格等出版集团的国际版权贸易均已进入国际前 20 位[1],德国出版界和政府也正在采取措施推进德国出版的国际传播。

2. 从出版强国向其他区域传播

从国际出版商协会的统计分析数据看,国际上很多出版强国基本也是传统的出版大国[2],如英国、法国、德国等。而俄罗斯在苏联解体后经过了一段时期的调整,虽然现在无论是在出版社数量还是出书品种等方面均在国际出版大国之列,但无论从其国内出版市场总值还是出版物国际贸易、版权贸易等指标看,其国际影响力已经明显下降。其图书版权贸易的引进输出比高达 22∶1[3],版权输出能力很弱,因而按照对出版强国的评判标准来看,俄罗斯被列入出版强国之列似乎比较勉强[4]。在全球范围内,最具典型特征的出版强国首推美国,并且其出版的国际传播现状也反映出了其出版强国的地位。

1998 年,美国图书出口占到全球图书出口总量的 21.8%,超过英国,跃居第一位。根据美国商务部发布的数据,2007 年美国图书出口额达到了 21.3 亿美元,位居全球各国之首。[5] 美国图书出口的主要品种为大众市场平装本图

---

[1] 崔斌箴. 德国出版"走出去"正在重铸辉煌[J]. 出版参考,2012(7 上):50.

[2] 请参看国际出版商协会:国际出版商协会(IPA),Drawing the Global Map of Publishing Markets 2012,http://www.internationalpublishers.org/index.php/-industry-policy/statistics,2013 年 1 月 21 日访问.

[3] 大佳网:俄罗斯出版业与传媒业,http://www.dajianet.com/world/2009/0716/90761.shtml,2009 年 7 月 16 日.

[4] 有关对出版大国和强国的评判标准,可参看张宏. 关于出版强国的评判,这不只是一个问题[J]. 出版广角,2008(4):35.

[5] 大佳网:美国出版业概况,转引自新浪读书,http://book.sina.com.cn/2012-09-26/1133339171.shtml,2012 年 9 月 26 日.

书(小说和非小说等)、宗教类图书、专业技术以及科学类图书、教材等[1]，而其主要的出口市场为加拿大、英国、日本、澳大利亚、墨西哥、巴西、委内瑞拉及其他欧盟国家，以西半球国家为主，其他的出口市场包括新加坡、韩国、菲律宾、马来西亚、新西兰、中国香港和中国台湾等国家与地区[2]，对中国大陆的出口也在逐年增加。美国图书出口中有一个现象值得注意，那就是其宗教类图书一直保持增长势头。从1997年到2004年，美国宗教图书出口增长率达到惊人的66.56%。[3]而在新媒体条件下，2012年美国电子书的对外贸易也增长了近10亿美元，国际读者市场成为美国的亚马逊等网上书店发展并进行国际传播的动力之一。[4]美国出版通过图书等出版物的国际贸易，跟其影视业一样，向全球输出其政治、经济、文化、宗教等内容信息。

除通过出版物国际贸易扩大出版的国际传播外，版权贸易也是美国出版走出去的主要形式。美国商务部发布版权销售统计数据的最后一年(即2003年)，美国的图书版权出口额为2.3亿美元，而这只占美国版权产业产值的极小一部分。如果加上影视版权、计算机软件版权等核心版权产业，到2007年，美国的全部版权产业产值高达1.525万亿美元，占到当年GDP的11.05%[5]，为美国文化对外输出传播做出了巨大贡献。大量美国图书通过版权贸易输出、翻译，在其他国家出版，大大推进了美国出版走出去的进程，对美国文化的国际传播产生了极大的作用。

除上述两种类型的出版走出去之外，美国出版企业同样通过并购、兼并等方式进行出版的全球扩张，特别是出版业的五大巨头兰登书屋、哈珀柯林斯、企鹅、西蒙＆舒斯特和时代华纳等更是以其全球性经营策略拓展其出版的国际市场。

在其他出版强国的出版国际传播中，日本出版走出去尽管逊于欧美，但因为其独特性，在某些领域也产生了巨大的影响。日本出版物特别是图书的出口贸易市场按出口额排主要是美国、中国台湾、韩国、中国大陆、新加坡、泰国、德国、菲律宾、英国、法国、荷兰等国家和地区。根据日本财务省的贸易统计，2009年日本图书出口额约为75.5亿日元。[6]除图书外日本杂志的出口也有

---

[1] 阿尔伯特·N.格莱克，等.21世纪出版业的文化与贸易[M].丁以绣，林成琳，译.北京：中国人民大学出版社，2010：126.

[2] 孙有中.美国文化产业[M].北京：外语教学与研究出版社，2007：74.

[3] 有关对出版大国和强国的评判标准，可参看张宏.关于出版强国的评判，这不只是一个问题[J].出版广角，2008(4)：125.

[4] 魏明革.美国图书出版业繁荣的三大成因[J].出版发行研究，2013(7)：6.

[5] 洛佳.美国版权产业竞争力强 超过其他传统出口产业[N].经济日报，2012-06-26，引自中国经济网，http://www.ce.cn/culture/gd/201206/26/t20120626_23436123.shtml.

[6] 甄西.日本出版业出口概况[J].出版参考，2011(10上)：40.

相当数量,出口的出版物主要以动漫类图书和杂志为主。通过图书杂志以及电影电视(以及电子和网络游戏)进行传播显然是日本动漫为全球所熟知的重要传播方式。此外日本图书的版权贸易也是日本出版走出去的重要手段。日本不少作家的作品出版后都成为国际版权业界争相购买的热点图书(最典型的例子便是日本出版业打造的超级畅销书作家村上春树的《挪威的森林》《1Q84》等作品)。日本当代文学通过出版的传播产生了巨大的国际影响。

3. 从新兴出版大国向其他区域传播

新兴出版大国是一个相对的概念,指的是那些在过去几十年里出版业有了飞速发展,并且伴随着这些国家的经济发展和国际地位的提升,其国际出版地位也得到提高,出版的国际传播能力也在加强的国家。这样的新兴出版大国不多。

以金砖国家为例,俄罗斯是传统的出版大国,但受其历史发展和硬实力地位的影响,其出版的国际传播近年处于一种平缓和缺乏竞争力的状态。南非的出版业近年有所发展,但整体而言非常弱,出版的国际传播能力不强。据 Nielsen BookScan 发布的数据,南非2009年书业的营业额仅约1.43亿欧元。[1] 印度出版业在过去的十多年里有了长足的发展,尽管其出版市场呈分散无序状态,但得益于英语是其官方语言之一,现在是仅次于美国、英国的第三大英语图书出版国。[2] 印度出版的国际传播也与这一特点有关,即印度业已成为国际其他国家出版商的图书离岸生产基地,成为英语图书出版的外包国。印度出版的与哲学、宗教、瑜伽、文化、历史等相关的图书出口到英国、美国、日本、澳大利亚和阿拉伯国家,很受欢迎。[3] 按照国际出版商协会统计数据,金砖国家中的巴西是唯一一个出版市值进入国际前10的南美洲国家。[4] 但受其出版语言葡萄牙语阅读人口的限制,巴西出版物的国际影响力有限,其出版走出去的能力也受到了限制。其每年出版的图书中超过10%为引进翻译作品[5],版权输出有限。

中国则是比较典型的新兴出版大国。历史上中国曾经是个出版大国,其悠久的历史、丰富的文化沉淀下了大量的积累。在过去的30多年里,随着中国经济实力的不断增强和国际地位的不断提高以及对外开放交流的不断深

---

[1] 大佳网:南非出版业,http://www.dajianet.com/world/2011/0401/90745.shtml,2011年4月1日。
[2] 大佳网:印度出版业,http://www.dajianet.com/world/2009/0708/90727.shtml,2009年7月8日。
[3] 大佳网:印度出版业,http://www.dajianet.com/world/2009/0708/90727.shtml,2009年7月8日。
[4] 国际出版商协会(IPA): Drawing the Global Map of Publishing Markets 2012, http://www.internationalpublishers.org/index.php/-industry-policy/statistics,2013年1月21日访问。
[5] 大佳网:巴西出版业,http://www.dajianet.com/world/2009/1109/90737.shtml,2009年11月9日。

入,中国出版的国际传播能力和影响力也在不断提升。国际社会对中国的关注也为中国出版走出去提供了基本的条件。中国出版物国际贸易出口的增加、图书版权输出数量的逐年增长以及中国出版业在海外的投资等,都为中国出版的国际传播创造了有利的条件。有关中国出版及其走出去的数据及分析,本书将在第四章和第五章进行专门论述。

在分析国际出版业现状以及出版的国际传播模式和格局的过程中,我们不难发现,出版业的发达与否以及出版国际传播的能力大小等跟国家的经济实力基本呈现出正相关的关系,出版的国际传播基本由经济实力强大的国家向经济实力相对较弱的国家进行。比如出版物的国际贸易,除了英语图书在英语国家间流动外,基本都是由英、美、日等国向其他国家流转;出版物版权贸易,基本都是由这些国家向其他国家输出;而出版海外投资、全球化运作等更是主要由发达国家的出版巨头们在开展。从这一点,人们或许也可以说在国际传播中存在某种程度的不平衡,体现在出版带动的跨文化传播上存有单向性以及强势文化向弱势文化传播的现实。国家的硬实力对于软实力的作用由此可见一斑。

第三节　本章小结

本章通过从全球视野对国际出版业现状的考察介绍,分析了出版的国际传播的主要模式以及目前主要的传播格局。从上述分析可以看出,出版的国际传播在国家硬实力和软实力相互关系和作用上体现出一种正相关的特点。本研究据此可以推论,一国在其出版的国际传播中的话语权及传播力跟该国的硬实力和软实力一样存在着正相关的关系。这种正相关给予中国文化和中国出版走出去的启示是,中国随着国家硬实力的不断增强,其文化和出版走出去也同样可以相应地不断发展,软实力不断提高。这个推论本书将在后面论述中国出版走出去的话语权和传播力构建的过程中做进一步阐述。

第四章 作为中国出版走出去基础的中国出版现状及其国际地位

出版作为文化传播的一种手段和方式,其前提是出版的商业属性,尽管"商业只是传播文化的一种方式"[1]。就出版的经济和商业属性而言,一国出版业的硬实力是该国出版影响力以及通过出版所产生的本国政治、经济、文化、信息传播效力的基础。因此,在讨论中国出版走出去(亦即中国出版的国际传播)之前,首先需要通过比照全球出版下中国出版的国际地位来对中国出版的硬实力进行比较客观的描述和认识。

在全球化时代,作为国际出版业不可分割的有机组成部分,伴随着中国经济实力的发展和国际地位的提升,中国出版业在过去的30多年里同样取得了长足发展。人们公认的是,中国业已跻身国际出版大国之林,并且也正在向着国际出版强国发展。中国出版达到这个国际地位可以得到许多数据的佐证。同时,在全球化时代,随着国际文化交流的日趋频繁,作为中国政府确立的实施走出去战略的重要组成之一及被赋予新闻出版战线的重大任务的中国出版[2],也在近年来开始了其迈向出版强国的征程。中国出版业正以前所未有的活力建筑着坚实的经济实力基础,并同时日渐开展卓有成效的国际传播工作,成为中国文化国际传播(中国文化走出去)的一个极其重要的方面。

本章将通过对中国出版业的现状、中国出版的国际地位等的分析说明中国出版走出去业已确立的现实基础。

第一节 中国出版业现状

为便于对中国出版走出去的现实状况进行论述,本研究认为首先有必要

---

〔1〕约瑟夫·奈.软力量——世界政坛成功之道[M].吴晓辉,钱程,译.北京:东方出版社,2005:13.
〔2〕参见柳斌杰:大力提升我国新闻出版业的国际竞争力——在全国新闻出版走出去工作会议上的讲话,2011年12月22日,http://www.gov.cn/gzdt/2011-12/23/content_2027837.htm.

对中国出版业的整体现状进行一个基本的描述,对中国出版业现状具有清晰了解和认识后方能进一步讨论中国出版走出去的状况及存在的问题。

对于一个国家出版业基本状况的描述,本研究认为应该包含这样几个方面的内容:一是一国所拥有的出版机构(合法注册登记的出版机构)数量和从业人员数量,这是反映一个国家出版业的出版能力和行业规模的基本指标;二是该国每年图书、期刊等出版物的出版总量,这是反映一国出版状况和出版规模的数量指标,能够反映其行业的基本生产能力及产品容量;三是一国出版业整体经济状况,包括出版物销售量和利润、资产总值、纳税量、总营业收入、行业总产值占国民生产总值的比重等,这是反映一国出版业经济总量规模的经济指标;四是一国图书、期刊等出版物的国际贸易量,这是反映一国出版业国际文化贸易状况及其国际传播效力的数量指标。杨庆国将这四个方面中的出版行业规模作为出版强国软实力指标体系的一级指标,将经济总量规模等作为二级指标。[1]但本研究认为,出版行业的经济总量规模被视为出版强国的硬实力指标可能更加合适。中国政府部门对中国出版业状况的统计则基本包含上述几个方面,另外还增加了跟出版相关的印刷行业的数据。[2]经济指标所反映出的中国出版现状可以被认为是中国出版的硬实力,这是中国出版走出去的现实基础。

基于上述若干指标,本书将从过去数年来中国新闻出版业政府主管部门国家新闻出版总署发布的年度全国新闻出版业基本情况数据来分析目前中国出版业的现状。

一、中国目前所拥有的出版机构数量和出版业从业人员数量

1 出版机构数量

中国政府对于成立出版机构实行的是审批制,有别于国际上大多数国家采用的注册登记制,因此,中国出版社的数量(不含港澳台地区[3])在国际出版大国中处于极低的位置。从表4-1中可以看出,出版社的数量在过去5年里保持相对稳定,增减数量均以个位计,不过从官方近年的统计中人们未能发现中国大陆地区所拥有的杂志社的数据,只有每年出版期刊的种数(见表4-3)。尽管中国出版机构数量的多寡与中国出版走出去的国际传播和影响

---

[1] 杨庆国. 出版强国软实力评价指标体系构建及其评价方法[J]. 中国出版,2010:(12下):7.
[2] 可参见新闻出版总署发布的《2011年全国新闻出版业基本情况》的统计方式和内容类型,2012年8月9日,http://www.gapp.gov.cn/cms/cms/website/zhrmghgxwcbzsww/layout3/xxml33.jsp?channelId=1392&siteId=21&infoId=762198. 按照国际行业惯例以及从本书所述主题的相关性考虑,本书不将印刷行业内容纳入论述范围。
[3] 以下列出的根据官方发布的统计数据均不含港澳台地区的数据。

之间并不一定呈正相关,但目前的数量一定程度上也可能限制出版走出去的效果和影响面,更何况从地域结构和类别上分析中国出版社还存在着同质化现象。[1]

表4-1 中国所拥有的出版机构数量(不包含港澳台地区)[2]

年 份	出版机构数量(出版社)
2011	580家
2010	581家
2009	580家
2008	579家
2007	578家

2. 出版业从业人员数量

在近年新闻出版总署发布的中国新闻出版产业分析报告中,中国出版业从业人员的统计包含印刷复制业、出版物发行业、报纸出版业、期刊出版业和图书出版业等各相关行业从业人员数据。由于本书讨论的主体是中国出版业特别是图书出版业走出去的问题,因此还是将图书出版业从业人员数量和期刊出版业从业人员数量单独列出,以此来观照国际出版业其他国家图书出版业从业人员数量并进行相关比较,由此反映中国出版的行业规模及出版走出去的人才基础。

表4-2 中国出版业从业人员数量[3]

年 份	直接从业人员(万人)	图书出版业人员(万人)	期刊出版业人员(万人)
2011	467.4	6.7	10.6
2010	461.4	数据缺	数据缺
2009	449.7	6.29	8.78

---

[1] 张宏.平衡或者重新洗牌——对我国图书出版单位类别性地域结构分布的分析[J].出版广角,2008(05):36.

[2] 根据国家新闻出版总署历年发布的我国年度新闻出版业基本情况统计数据整理,见新闻出版总署网站,http://www.gapp.gov.cn/cms/cms/website/zhrmghgxwcbzsww/layout2/xxml2.jsp?channelId=1392&siteId=21。

[3] 本表根据新闻出版总署发布的2009年、2010年和2011年三个年度的新闻出版产业分析报告中所提供的数据汇总整理而成。分析报告文本参见以下网址:http://www.gapp.gov.cn/cms/html/21/3240/List-1.html。

从表4-2并结合表4-1可以看出,尽管中国新闻出版行业的直接从业人员总量不少,但由于官方发布的统计数据是包含了印刷复制、发行等出版物生产销售领域的从业人员数量的,因而直接从事图书、期刊出版的人数并不算多,这跟中国出版机构数量少是直接相关的。当然,要是结合下文有关图书等出版总量规模来看,中国出版业不多的出版从业人员的生产力还是相当高的,因而同样赋予了中国出版走出去人才上的一定的竞争能力。

二、中国图书、期刊等出版物的出版总量

图书、期刊等出版物的出版总量包括品种数和总印数等,可以用来衡量一个国家的出版业的生产能力,其数量反映的是该国出版物的物质规模,体现出其基本生产能力和出版物产品容量,是判断一国出版业大小规模的重要指标。中国政府每年下半年都会公布上一年度中国新闻出版业的基本情况,其中有关出版的数据中很重要的一部分就是出版总量数据。

表4-3 中国每年图书和期刊出版总量(不包含港澳台地区)[1]

年 份	图书出版总量(种)	图书总印数(亿册/张)	期刊出版总量(种)	期刊总印数(亿册)
2011	369523	77.05	9849	32.85
2010	328387	71.71	9884	32.15
2009	301719	70.37	9851	31.53
2008	275668	69.36	9549	31.05
2007	248283	62.93	9468	30.41

三、中国出版业整体经济规模状况

出版业的整体经济规模状况主要涉及出版物销售额、利润状况、资产状况、行业纳税量、出版总产出占国民生产总值比重等内容,是反映一国出版业经济总量规模和地位的指标。中国国家新闻出版总署在每年公布的出版业基本情况以及新闻出版产业分析报告中对上述大部分指标都提供了统计数据。本书选择了最能反映出版现状的数据分类整理出以下几个表格。

---

[1] 本表根据新闻出版总署历年发布的新闻出版产业报告中提供的数据汇总整理而成。

表4-4 中国出版业图书、期刊总量规模数据(定价/生产总金额)[1]

年 份	定价/生产总金额(图书/亿元)	定价/生产总金额(期刊/亿元)
2011	1063.06	238.43
2010	936.01	217.69
2009	848.04	202.35
2008	791.43	187.42
2007	676.72	170.93

表4-5 中国出版业图书、期刊等整体销售数据(销售额)[2]

年 份	总销售额(亿元)	其中期刊销售额(亿元)
2011	1953.49	4.44(零售)
2010	1754.16	10.37(零售)
2009	1556.95	21.73
2008	1456.39	25.89
2007	1366.67	22.93

表4-6 中国新闻出版业总量规模数据[3]

年 份	总产出(万亿元)	占同期国民生产总值百分比	利润总额(亿元)	资产总额(不包含数字出版)(万亿元)	所有者权益(净资产)(亿元)	纳税总额(亿元)
2011	1.45686(营业收入)	0.9%	1128.0	1.44175	7344.8	787.9
2010	1.26981	0.9%	1075.9	1.27374	6531.9	707.7
2009	1.06689	0.9%	893.3	1.18485	6168.3	620.3

---

[1] 本表根据新闻出版总署历年发布的新闻出版产业报告中提供的数据汇总整理而成。
[2] 本表根据新闻出版总署历年发布的新闻出版产业报告中提供的数据汇总整理而成。按照政府统计口径,这里的数据是全国新华书店系统和出版社自办发行单位出版物的总销售数据,不包含民营书店等的销售。数据中包含了图书、期刊、报纸、音像制品和电子出版物等的销售额。
[3] 数据来源于新闻出版总署发布的新闻出版业分析报告。截至目前,新闻出版总署共发布了2009年到2011年三年的分析报告。参见新闻出版总署网站政府信息公开栏公开目录下的统计信息板块这三年的分析报告:http://www.gapp.gov.cn/cms/html/21/3240/List-1.html。其中,2011年总产出栏数据官方报告口径为营业收入,其余两年均为行业总产出。

表 4-7 中国数字出版总量规模数据[1]

年 份	总产出(亿元)	利润总额(亿元)
2011	1377.9(营业收入)	106.7
2010	1051.8(同营业收入)	89.1
2009	799.4(同营业收入)	63.91

从上述反映出版业整体经济规模和发展状况的若干类别数据看,至少在从2007年到2011年的5年里,中国出版业无论从图书、期刊出版的总品种数、生产总定价、销售额等,还是行业总产出、利润总额、净资产、纳税总量以及数字出版经济总量规模等指标来看,每年都有一定量的增长值。其中,图书出版总量从2007年的24.8万种增加到了2011年的近37万种,已经毫无疑问地跃居全球图书出版品种数第一的位置。同时,随着出版形态的变化,与全球其他出版大国的发展趋势一样,中国数字出版的总产出从2009年的799.4亿元迅速发展到了2011年的1377.9亿元,几乎翻了一倍。这些数据表明中国出版业整体继续在向上发展,规模总量不断提升。换言之,中国出版的经济硬实力日益得到提高和加强,这为中国出版走出去提供了赖以实施的物质基础条件。

四、中国出版国际贸易状况

出版业的国际贸易通常包含两大类型,即出版物国际贸易和出版物版权贸易。前者包括出版物的进口和出口,后者包括出版物版权的引进和输出,这两者都是出版的国际传播模式(可参看本书第三章的相关论述)。就与中国出版走出去相关联的中国出版国际贸易而言,本研究主要分析中国出版国际贸易中的出版物出口数据和出版物版权输出数据,以此来展现中国出版这方面的状况,并反映中国出版国际传播的现状。

1 中国出版物进出口贸易状况

出版物国际贸易中的出口状况可以从一个方面反映国外读者对一国出版物的需求和兴趣。出版物出口是出版"走出去"的较为直接的路径和模式之一,出版物出口总量的大小则基本也能反映出出版内容在国外读者中的影响和传播面。中国出版物的进出口贸易特别是出口贸易状况可从官方发布的数据中看出。以下三表分别反映2009年至2011年中国出版物进出口贸易的状况。

---

[1] 数据来源于新闻出版总署发布的新闻出版业分析报告。

表 4-8　中国出版物进出口经营单位对外贸易数据(2009 年)[1]

类　　型		累计出口	累计进口	总　额	差　额
图书、报纸、期刊	种次	900344	811265	1711609	89079
	数量(万册、份)	885.16	2794.53	3679.69	-1909.37
	金额(万美元)	3437.72	24505.27	27942.99	-21067.60
音像制品、电子出版物	种次(万)	19771	9479	29250	10292
	数量(万盒、张)	10.01	16.74	26.75	-6.73
	金额(万美元)	61.11	6527.06	6588.17	-6465.95
合　计	种次(万)	920115	820744	1740859	99371
	金额(万美元)	3498.83	31032.33	34531.16	-27533.50

说明:差额为累计出口减去累计进口之差。正号表示出口大于进口,存在贸易顺差;负号表示出口小于进口,存在贸易逆差。

在官方提供的产业分析报告中,《2010 年新闻出版产业分析报告》只是一个摘要[2],未能像《2009 年新闻出版产业分析报告》那样对中国出版物进出口经营单位对外贸易情况进行列表汇总。根据该摘要,本书将 2010 年中国出版业的对外贸易数据按照表 4-8 进行汇总列出如下:

表 4-9　中国出版物进出口经营单位对外贸易数据(2010 年)

类　　型		累计出口	累计进口	总　额	差　额
图书、报纸、期刊、音像制品、电子出版物	种次(万)	96.5	90.5	187	6
	数量万册(份、盒、张)	1047.5	2944.8	3992.3	-1897.3
	金额(万美元)	3758.2	37391.3	41149.5	-33633.1
合　计	总产出(亿元)			62.1	
	利润总额(亿元)			1.7	

说明:同表 4-8 说明

《2011 年新闻出版产业分析报告》同样只是对中国出版物进出口情况进行了文字描述[3]。本书根据该报告将相关出版物对外贸易数据汇总列表如下:

---

[1] 本表直接摘引自《2009 年新闻出版产业分析报告》,参见新闻出版总署网站发布的全文:http://www.gapp.gov.cn/cms/html/21/2914/201007/705875.html,2010 年 7 月 9 日。
[2] 参见新闻出版总署网站发布的《2010 年新闻出版产业分析报告》(摘要):http://www.gapp.gov.cn/cms/html/21/2914/201107/726930.html,2011 年 7 月 22 日。
[3] 参见新闻出版总署网站发布的《2011 年新闻出版产业分析报告》:http://www.gapp.gov.cn/cms/html/21/2914/201207/760138.html,2012 年 7 月 12 日。

表 4-10　中国出版物进出口贸易数据(2011 年)

类　型		累计出口	累计进口	总　额	差　额
图书、报纸、期刊、音像制品、电子出版物	种次(万)	148.7	113.5	262.2	35.2
	数量万册(份、盒、张)	1557.5	3019.5	4577.0	-1462.0
	金额(万美元)	7396.6	42508.0	49904.6	-35111.4
合　计	总产出(亿元)			64.4(进出口经营单位)	
	利润总额(亿元)			1.8(进出口经营单位)	

说明:同表 4-8 说明。

从上述表 4-8、表 4-9 和表 4-10 中列出的数据可以看出,中国出版物国际贸易中的出版物出口总量在 2009 年到 2011 年 3 年里处于上升状态,出口种次在 2011 年已经接近 150 万,出口总额也超过了 7 千万美元。这说明中国出版物在国际上的受欢迎程度正在不断提升。而且,考虑到中国的出版物所采用的出版语言主要是汉语,因此本研究也可以由此推断,国外汉语出版物读者包括汉语学习者正在不断增加。这从一个侧面反映出中国文化走出去特别是全球化时代汉语在世界许多国家日益成为人们感兴趣、希望学习的语言的状况。

当然,从中国出版物进出口差额的情况来看,中国出版物对外贸易中的出口额还远远低于进口额,说明中国出版物海外市场的开拓还任重而道远,中国出版走出去在中国出版物不断扩大出口、向外推广方面还有大量工作要做。

2　中国出版物版权贸易状况

出版业的国际贸易的另一主要构成是出版物版权贸易。在国际文化产业界和出版业界,版权贸易既是文化贸易的一个有机组成部分,又是文化和内容进行国际有效传播和交流的一个重要途径和方式,也是一国出版的国际传播的主要模式之一。版权作为知识产权最重要的构成之一,一直是西方发达国家最为重视的智力成果和文化权利。版权贸易及与版权贸易相关联的产业被称为版权产业。一国的版权贸易总量以及产值既反映出其产业的发达与否,也是衡量其出版物对外输出和传播的能力与影响范围的重要标志。考察出版物版权贸易最常用的两个指标是版权的输出和引进数量。

中国自 1992 年加入《伯尔尼公约》以及《世界版权公约》后,中国出版业与国际同行之间开展的版权贸易日益频繁,尤其是近年来,政府积极扶持版权贸易,并将其作为中国出版走出去的一个重要手段来抓。[1]出版业版权贸易成果日益丰富,这点从下面表格汇总的数据可以得到佐证。

表4-11 中国出版物版权贸易统计表[2]

年 份	版权引进(种)	版权输出(种)	合计(种)
2011	16639	7783	24422
2010	16602	5691	22293
2009	13793	4205	17998
2008	16969	2455	19425
2007	11101	2593	13694

从表4-11可以看出,与中国出版走出去密切关联的版权输出数量要明显低于版权引进数量。而在版权输出中,图书版权的输出要占绝大部分,电视电影作品版权输出的数量则很少。[3]国际出版业界一般采用出版物版权贸易的引进输出比作为衡量版权贸易的活跃程度和效果状况的指标之一(另一指标为版权产业的产值)。从表4-12可以看出近年来中国版权贸易的引进输出比趋势。

表4-12 中国出版物版权贸易引进输出比状况

年 份	引进输出比	备 注
2011	2.14∶1	
2010	2.92∶1	
2009	3.28∶1	中国是2009年法兰克福书展主宾国,对中国出版物版权输出起到了积极作用
2008	6.91∶1	
2007	4.28∶1	

上述数据显示过去数年来中国出版走出去的版权输出指标已经有了明显

---

[1] 中国新闻出版总署发布的《新闻出版业"十二五"时期发展规划》中提出"扩展版权输出与对外合作出版的区域和范围,提高版权输出质量",新华网,http://news.xinhuanet.com/politics/2012-02/16/c_111529579.htm,2012年2月16日。
[2] 数据来源为官方历年发布的我国新闻出版业基本状况报告。所有版权贸易统计的数量均不包含香港、澳门和台湾地区的相关统计数据。
[3] 有关这两方面的具体数据和说明,可参见国家新闻出版总署历年发布的我国年度新闻出版业基本情况统计数据整理:http://www.gapp.gov.cn/cms/cms/website/zhrmghgxwcbzsww/layout2/xxml2.jsp?channelId=1392&siteId=21。

的变化,版权引进、输出数量越来越接近,跟更早期的版权贸易数据比较,特别是与在较长一个时期里中国版权贸易的引进、输出比徘徊在10∶1的水平上相比,取得了长足的进步。[1]从近年中国政府对版权贸易输出的重视以及近几年的具体实践看,中国出版物版权贸易输出正呈现逐步上升的趋势,版权引进与输出的差距正在逐渐缩小。这也从一个方面反映出中国出版的国际传播效能正在逐步提高。

第二节 中国出版的国际地位:从出版大国到出版强国

从全球范围看,在人类文明史上,中国是最早发明文字、造纸术、印刷术等的国家之一,并且中华文明是世界数千年历史中唯一没有被中断而延续下来的文明之一,中国的出版史因而几乎跟中国文字创作的历史一样长。有学者认为中国出版最早成形于上古时期,从上古到公元1世纪是中国古代出版的竹木简牍时代。[2]此后从西汉造纸术的发明以及后来的雕版印刷和宋朝毕昇发明活字印刷,中国古代出版业逐渐发展,中国一度成为世界上出版业最发达的国家之一。而国外特别是西方的出版起源与中国大致相同,其古代出版史延续的周期自西方古文明起源一直到公元5世纪西罗马帝国灭亡。[3]此后,随着中国的造纸术和印刷术传入欧洲,以及到15世纪德国人古登堡发明金属活字印刷,欧洲出版业的蓬勃发展。进入近现代以来,西方出版业的发展超过了中国。特别是欧美,在过去的一个多世纪里,其出版业在全世界范围内占主流地位。中国近代民族出版业发轫于上海,也是在西方传教士和外国商人在华创办资本主义性质的出版机构的先导下出现的。[4]而中国出版业真正的发展壮大则是在改革开放以来的30多年里。

本书第三章提到,全球范围内公认的出版大国为英国、法国、德国、俄罗斯等欧洲国家,美洲的美国,以及亚洲的日本,中国近年来也已经跻身国际出版大国之列。关于出版大国的评判和衡量,人们通常采用一国的年出版品种数量(包括新出和重版数量)以及出版物产值总量来确定。根据表4-13对图书出版量的统计,可以对国际出版大国的出版容量等有一个清晰的概念,同时也可以看出在出版数量上中国出版目前在全球出版业的地位。

---

[1] 根据国家版权局统计,1995到2003年期间,全国图书版权引进58077种,输出5362种,两者比例连续徘徊在10∶1的水平上。参见罗家如.从版权贸易看中国出版"走出去"[J].中国编辑,2005(4):20.

[2] 肖东发,于文.中外出版史[M].北京:中国人民大学出版社,2010:3.

[3] 肖东发,于文.中外出版史[M].北京:中国人民大学出版社,2010:153.

[4] 肖东发,于文.中外出版史[M].北京:中国人民大学出版社,2010:96.

表 4-13 国际出版大国图书出版品种一览表[1]

国家	年份	出书量(万种)
中国	2012	41.4
美国	2011	33
英国	2011	15
德国	2011	9.57
法国	2011	8.1

从上表可以看出,就图书年出版量而言,2012年,中国已经超出美国将近10万,新书出版品种也已经遥遥领先于其他几个国际出版大国,在全球排名第一。中国已经毫无疑问地成了出书数量上的国际第一出版大国(而这里的数据还不包括港澳台三地的出书品种数据在内)。而根据国际出版商协会(IPA)的最新统计数据,从出版市值来看,中国在2011年已经达到106.02亿欧元(接近1000亿元人民币),在全球各国中位居第二,仅次于美国(尽管跟美国的差距还相当大)。2011年国际出版市场市值情况见表4-14。

表 4-14 2011年国际出版市场市值一览表(前13位)[2]

国家	总值(出版商净收入/百万欧元)	总值(消费价格市值/百万欧元)	每百万人新书和重印书(种)	2011年人均GDP(世界银行/美元)	人口
世界		105614	10034		6894377794
美国	21500	31000	1080	48442	311591917
中国		10602	245	5430	1344130000
德国	6350	9734	1172	43689	81726000
日本		7129		45903	127817277
法国	2804	4587	1242	42377	65436552
英国	3738[3]	4080	2459	38818	62641000
意大利	1900	3417	956	36116	60770000
西班牙	1820	2890	1692	32244	46235000

---

[1] 根据中国政府统计数据和国际出版商协会及其他相关机构统计数据整理。
[2] 数据来源:国际出版商协会(IPA), Drawing the Global Map of Publishing Markets 2012: http://www.internationalpublishers.org/index.php/-industry-policy/statistics,2013年1月21日访问。
[3] 含出口。英国图书出版业的出口市场超过其国内市场。

续表

国家	总值 (出版商 净收入/ 百万欧元)	总值 (消费价格 市值/百 万欧元)	每百万人 新书和重 印书(种)	2011年人 均GDP (世界银行/ 美元)	人口
巴西	2027	2546	285	12594	196655014
印度	1675	2500		1489	1241491960
加拿大	1535	2342		50345	34482779
韩国	1408	2013	849	22424	49779000
俄罗斯		1875		13089	141930000

在国际出版业范围内比较,尽管从每年新出版和重印的出版物品种数量上讲中国已经成为名副其实的国际出版大国,但如果引入其他有关出版强国的评判标准,则从全球视角看中国还远远称不上是一个出版强国,出版的国际传播因此存在一个数量与质量的问题。有关出版强国的评判标准,除了出版物品种数量这个指标外,本研究认为还应该设立这样一些指标(以图书出版为例):(1)出版品种结构标准(是否合理反映出版创新能力);(2)图书重印率标准(重印率高反映出版经济效益及阅读率高);(3)有效销售额标准(出版物是否真正地销售到达读者手里);(4)物流标准(是否存在无效物流运输);(5)版权贸易总量标准特别是版权输出标准(体现出版物向海外传播的能力及被他国接受的程度);(6)在国际出版业中的整体地位,如主流出版话语权地位等。[1]就上述6个标准分析,除了出版品种结构标准目前中国业已成为世界第一,其他方面都还落后于国际出版大国或者强国。显然,中国作为数量上的出版大国仅仅具备了中国出版走出去的数量基础。

如果再引入出版物国际影响力指标作为衡量出版强国的标准的话,则中国似乎离出版强国的距离还更加遥远。所谓出版物国际影响力,简言之是指一国出版物被他国出版商购入版权数量、出版物被翻译成他国语言的多少、出版后读者的接受认知度(与销售量有关)、其所产生的各类影响(如媒体对其刊发的评论、在国际上的获奖情况等)以及由此产生的对同一作者其他作品的后续兴趣等。

很明显,只有当一国既在出版数量上有一定规模,同时又在其他指标诸如出版物国际贸易出口、版权贸易输出以及国际出版话语权等方面具备了一定的地位时,其出版才能实现有效的国际传播。中国出版走出去同样需要具备

---

[1] 张宏.关于出版强国的评判,这不只是一个问题[J].出版广角,2008(4):35.

这样的条件。

第三节　本章小结

　　本章主要通过对中国政府官方公布的近年中国出版业各类数据的分析，以及将中国出版放在全球视野下对中国出版目前的国际地位的描述，较为全面地呈现中国出版走出去的现实基础和状况（即中国出版的硬实力）。通过对各类数据的比较，本研究得出这样一个结论，即从出版物数量上讲，中国业已成为国际出版大国，但中国出版在国际上的整体地位仍然不高。单以出版强国评判标准来衡量的话，中国还远不是一个出版强国。换言之，中国出版的硬实力还有待提升，在此基础上中国出版才能有效实现其走出去的目标。在这样一个认识基础上分析中国出版走出去的现状和问题将更为客观和真实，人们才能找到中国出版走出去存在的问题并提出相应的策略。这是本书下一章将主要阐述的内容。

第五章 全球视野下中国出版走出去的历史、现状和问题

全球化时代,中国出版业跟其他产业一样,正在日益融入国际出版市场,并不断通过国际出版贸易、版权贸易以及对外投资等形式与全球其他国家的出版业互相交流,并由此实现出版所独具的政治、经济、文化等信息内容的国际传播,将中国文化以及中国整体形象介绍给世界其他国家公众。出版是一种经济行为,或者也可以被认为是一种商业行为,同时又是文化传播的重要载体。在经济全球化、文化传播全球化的今天,出版的全球化已是一件顺理成章的事情。

在完全市场经济的条件下,作为经济行为的出版的全球化表现在这样一些方面:出版物的国际贸易(如图书的进出口贸易)、出版物的国际版权贸易(如图书的版权授权和翻译出版等)、出版企业的全球化(如国际性出版集团的跨国并购以及在他国设立独资或合资的出版企业等)、出版投资融资的全球化(如跨国资本进入一国的出版业或者一国的资本进入他国的出版业)等。尽管上述出版全球化表现的基础是出版硬实力以及出版的市场化,但其本质除了经济和商业诉求外,还存在着一种自觉的或者非自觉的文化诉求。国际出版业曾经受到这样一个问题的困扰:出版是文化行为还是商业行为?格莱科等学者对此的回答是十分明确的:"事实上,它(出版)过去是,现在是,将来依然是两者的结合,如同 DNA 的双螺旋结构。"[1]出版物的内容所承载的意义、知识、价值观、智慧等通过上述经济和市场行为经由出版物这种媒介向世界其他国家和地区传播,吸引并影响其他国家和地区的读者,从而产生和实现其文化的传播功能和作用。

正是因为出版是文化行为和商业行为的结合,因此,在商业经济行为之

---

[1] 阿尔伯特·N.格莱科,等.21世纪出版业的文化与贸易[M].丁以绣,林成琳,译.北京:中国人民大学出版社,2010:前言.

外,出版的国际传播同时承担了文化国际传播的功能。各国政府通过各种政策手段扶持本国出版走出去,将出版的国际传播作为本国、本民族文化对外传播的一个重要方面,出版成了文化对外传播的一个重要媒介手段。出版的国际传播也因此成了强化国家软实力的一个有机组成。

自改革开放以来,尤其是进入21世纪后,随着中国经济社会生活不断融入全球化以及中国政府"走出去"战略的实施和推进,中国文化走出去以及中国出版走出去战略也先后成为中国政府近年来日益重视并不断加强的国家发展战略的一部分,并将其作为扩大国家软实力在世界范围的影响、与其他文化进行交流的重要抓手之一。

本章将较为简要而全面地对中国出版走出去的历史、现状以及存在的问题进行梳理分析,以期找出中国出版走出去存在问题的症结所在,并为后文讨论和提出解决这些问题的对策做好铺垫。

第一节 中国出版走出去的历史

中华数千年文明积淀下了人类历史上最为悠久和灿烂的文化。在人类历史上,古埃及文明、古希腊-罗马文明等曾经辉煌一时,但如今都已经湮没在历史的尘埃中,而唯有中华文明绵绵不绝,延续至今,并且其影响力继续在扩大,中华文明所孕育的中国文化也不断在世界范围内传播。有学者认为,中国文化是奠定中国大国地位的重要因素,因为从中国历史来看,汉、唐、宋、明、清(前期)时期的中国文化对外传播和辐射对形成中华文化圈并影响亚洲和欧洲的发展产生了巨大的作用。[1]文明的中国,其文化的传承和对外传播自古以来便绵延不绝。中国历史上无论是四夷来朝的朝贡制度下的中外交流,还是历朝历代主动派遣使者或接纳他国的学习者(如日本的遣唐使等)来华,中外文化都交往频繁,其中便有中国引进他国文化及中国文化走出去与出版相关的例证。

一、中国古代出版的引进和输出

中国古代出版意义上的图书翻译引进始于西汉时佛教传入后佛经的翻译。传说汉明帝因梦见金人飞行庭殿,便遣"十余人往求,至西域,得沙门若干人及佛像经卷,载以白马,共还洛阳。帝为造白马寺。来华之沙门译出《四十二章经》"[2]。尽管传说成分较多,但考虑到汉代中外交流已经十分频繁,佛

---

[1] 邱金英.中国文化软实力现状分析[J].文化学刊,2010(6):18-19.
[2] 方豪.中西交通史(上)[M].上海:上海人民出版社,2008:90.

教传入中国,佛经的译介出版已无可争议。更有三国、两晋、南北朝及隋、唐等朝的众多译经名家(其中以东晋时的鸠摩罗什及唐朝西天取经的玄奘最为著名)不断译介佛经,促进佛教在中国的传播,这可以看作是出版意义上的引进介绍。源自他国(印度)的佛教文化通过翻译在中国传播,其宗教、文化、哲学等意义上的影响一直延续至今。

在古代中外文化交流过程中是否存在中国的图书著作等的对外译介,目前似无确切例证,但有关中国儒家经典和文字的输出反映在古代中日文化交流中则是肯定的。王家骅认为最早在5世纪"儒家典籍与思想"肯定"东渡"日本了。[1]而日本成书于公元712年的《古事记》具体记载有百济博士王仁赴日带去汉籍《论语》10卷和《千字文》1卷的内容。[2]虽然这些图书不是以图书出口贸易的方式进入日本的,但也可以视为中国图书的输出。而类似通过日本遣唐使以及古代中国移民等将中国的文学作品、佛教作品等向日本及其他国家进行的传播,本研究认为可视作出版意义上的输出。这种输出对中国文化、政治制度等的传播作用是显而易见的,迄今在日本社会、政治、文化中依然能找到其烙印。

而中国历史上具有现代意义的出版走出去可以以中国文化中儒学经典(如"四书""五经"以及《诗经》等)文学作品在西方的译介、出版、传播为例来说明。西方人最早翻译儒家经典作品的是意大利传教士利玛窦,他于1594年用拉丁文翻译出版了"四书"。法国传教士金尼阁1625年在杭州把"五经"翻译成拉丁文,是第一个翻译"五经"的西方人,可惜该译本未见流传。此后以各国传教士为主体的译者不断向西方译介中国儒学经典和文学作品,如1662年意大利传教士殷铎泽以拉丁文译《论语》和《大学》,1669年出版拉丁文《中庸》,1672年在巴黎出版法文版。1711年比利时出版传教士卫方济以法文翻译的《大学》《中庸》《论语》《孟子》等。1722年来华的法国传教士宋君荣把《诗经》《周易》《尚书》《礼记》等译成法文。1830年巴黎出版的法文《诗经》全译本系法国传教士孙璋所译,是学术界公认的现存最早的全译本。[3]

儒家经典和中国其他典籍在欧洲大陆出版传播的同一时期,也在俄国得到了译介出版。1779年,俄国作家冯维信将法文版《大学》转译为俄语。同年列昂季耶夫翻译出版了《三字经》,1780年他直接从汉语翻译出版了《大学》。1784年列昂季耶夫翻译出版了《中庸》。1821年传教士雅金夫·比丘林翻译出版了"四书"。传教士西维诺夫则在1855年翻译了《诗经》,但未出版,他另

---

[1] 王家骅.儒家思想与日本书化[M].杭州:浙江人民出版社,1990:6.
[2] 转引自何芳川.中外文化交流史(上卷)[M].北京:国际文化出版公司,2008:199.
[3] 施忠连.儒风华语润异域[M].济南:山东教育出版社,2011:109-112.

外还翻译了《书经》等。俄国的这些作家、传教士等对中国典籍等的译介出版以及他们对中国文化和儒家思想的见解和介绍,对当时俄罗斯的知识阶层乃至官方都产生了重大的影响。[1]

中国古代典籍在近代则主要由英国的理雅各、法国的顾赛芬和德国的卫礼贤向西方译介传播。理雅各翻译的英文版"四书"于1861年出版,《尚书》和《诗经》分别于1865年和1871年出版,他还翻译了《孝经》《道德经》《庄子》《离骚》等书。顾赛芬翻译的"四书"、《诗经》《尚书》《礼记》分别于1895年、1896年、1897年和1899年出版。卫礼贤翻译的德文版《论语》于1910年出版,《易经》于1914年出版,20世纪头20年还出版了《孟子》《大学》《中庸》《礼记》等的德语版。[2]而几乎在同一时代,中国儒学经典等也在俄国得到了译介和传播,并引发了俄国学术圈的广泛兴趣。[3]

上述中国古代典籍和儒学经典向西方的译介和传播,极大地促进了中国文化走向欧洲等地,对欧洲启蒙运动、吸引欧洲的"向中国"以及中国文化在欧洲的传播和影响产生了巨大的作用。这也从另一个方面反映了中国文化在中国近代以前所具有的全球性影响力。[4]

从出版的国际传播的视角看,中国古代典籍和儒学经典的对外介绍主要依赖来华传教士所做的翻译。除汉文化圈以外,中国出版除这一条途径外并无他法。而翻译文字所表达的中国图书内容是否准确完整,对其所承载的中国文化能否为西方读者理解接受或者误解误导会产生直接的影响。但人们必须承认的事实是,这些以传教士为主所做的译介毫无疑问促进了中国出版和中国文化在古代的国际传播。

二、中国近代以来出版的国际传播

进入近现代后,西学东渐,中国译介西方人文、历史、科学、文学等作品不可胜数,西方文化在中国的传播日益广泛,中国出版进入入超时代。从清朝末期至中华人民共和国成立之前的民国时期,中国学者大量译介西方作品。撇开版权保护问题,这一个历史阶段可以被视为中国出版大量引进国外出版物的时期。由于缺乏统计数据和相关资料,人们对同一时期中国出版是否也存在走出去、出版物是否同样向国外输出无法做出明确的记述。但包括本研究

---

[1] 有关这部分内容可参见施忠连.儒风华语润异域[M].济南:山东教育出版社,2011:76-92.
[2] 有关这部分内容可参见施忠连.儒风华语润异域[M].济南:山东教育出版社,2011:112-114.
[3] 参见李明滨.中国文化在俄罗斯传播三百年(上篇)、(中篇)、(下篇)[J].中国文化研究,1996(3),1996(4),1997(1).
[4] 有关中国文化对西方的影响可参见何芳川主编的《中外文化交流史》和施忠连著《儒风华语润异域》等著作的相关内容.

在内,人们有足够的理由相信,这一时期依然有中国学者以不同的形式向国际社会介绍传播中国文化,最典型的例子便是辜鸿铭用英文所著《春秋大义》(即《中国人的精神》)一书在西方读者中所产生的影响。

同样,在新中国成立以后的数十年里,由于中国社会、政治、经济等因素的影响,中国出版走出去几乎毫无声息,更欠缺数据支撑。1949年后新中国向海外的出版传播也仅仅局限在诸如《中国建设》和《北京周报》《人民画报》等英文版和其他语种刊物的出版发行上。新中国成立后曾经于1955年和1956年连续两年参加过国际最大的书展——法兰克福书展,但1957年又退出了该书展。[1]此后数十年国际出版界一直鲜见中国出版的身影,中国出版的全球影响趋于停顿。其间,特别是"文革"期间,虽然也有类似于《毛主席语录》中文版或英文版、《毛泽东选集》中文版或英文版通过不同途径输出到世界不同地区,但那是一种纯政治性的或者特殊年代的特殊形式的出版走出去,而非通常意义上通过出版外贸或者版权贸易的输出,因此缺乏典型意义。中国出版走出去在过去的30多年里才逐步走上正轨,并被纳入国家文化走出去、向世界传播中国文化的战略轨道。

第二节 中国出版走出去的现状

中国出版走出去是中国政府实施的中国文化走出去国家战略的重要组成部分。在中国政府和中国出版业的共同努力下,中国出版走出去经过过去10多年的发展业已取得明显的成效。官方最权威的媒体之一新华社曾经在2013年年底播发专题文章对中国新闻出版走出去成果进行综述[2],将成果归纳为以下几个方面:

中国出版对外版权贸易成果:版权贸易引进输出比率由十年前的15∶1缩小到2012年的1.91∶1;对欧美5个传统发达国家的图书版权输出总量增长122倍,达到了2213项。

中国出版物实物出口成果:2012年达到9400万美元。

中国新闻出版企业海外扩张:在境外投资或者设立分支机构459家。

中国数字出版产品境外收益率成果:2012年中国期刊数据库海外付费下载收入超过1000万美元,电子书海外销售收入接近500万美元,网游(在中国

---

[1] 卫浩世.法兰克福书展600年风华[M].欧阳斐斐,等,译.北京:中国人民大学出版社,2007:107.

[2] 徐凯.讲述好中国故事,传播好中国声音——我国新闻出版"走出去"成果综述[N],新华社北京2013年11月1日电,见新华网,http://news.xinhuanet.com/newmedia/2013-11/02/c_132852821.htm,2013年11月2日。

被纳入数字出版之列)出口额达 5.7 亿美元,等等。

上述数据从纵向反映了中国出版的国际传播和走出去所取得的成就,也在一定程度上反映了国际社会对中国社会、政治、经济、文化的兴趣和接受。不过很显然,单纯用上述几个方面的数据来说明中国出版走出去的现状是过于简单的,况且即便有以上几个方面的客观存在,也还并不能完全说明中国出版真正"走出去"了。本研究认为应该从中国出版走出去的战略、中国出版走出去的基本模式和路径、中国出版走出去的实践操作、中国出版走出去的成功案例以及中国出版走出去的成果这 5 个方面来客观描述中国出版国际传播的现实。

一、中国出版走出去的战略

战略是指为实现某种目标(如政治、军事、经济或国家利益方面的目标)而制订的大规模全方位的长期行动计划。[1]中国走出去战略是从中国经济走出去的国家经济战略和中国文化走出去的文化战略中衍生出来的,是中国国家战略的重要组成部分。中国政府在《国家"十一五"时期文化发展规划纲要》中提出的"十一五"时期文化发展的重点之一便是中国文化走出去工程。[2] 2011 年 10 月 18 日公布的《中共中央关于深化文化体制改革 推动社会主义文化大发展大繁荣若干重大问题的决定》提出"增强国家文化软实力、中华文化国际影响力要求更加紧迫"[3]。中国政府在《国家"十二五"时期文化改革发展规划纲要》中则更进一步提出了"十二五"时期要实现中国文化走出去的下列战略目标:"重点媒体国际传播能力不断增强,与我国经济社会发展水平和国际地位相匹配的媒体国际传播能力逐步形成;主要文化产品进出口严重逆差的局面逐步改善,形成以民族文化为主体、吸收外来有益文化、推动中华文化走向世界的文化开放格局;全民族文明素质明显提高,国家文化软实力和国际竞争力显著提升。"[4]纲要针对中国出版走出去具体提出了推动文化产品和服务出口("扩大版权贸易,保持图书、报纸、期刊、音像制品、电子出版物等出口持续快速增长;国产游戏进入国际主流市场,数字出版拓展海外市场等")以及扩大文化企业对外投资和跨国经营(鼓励对外投资兴办出版社,采

---

[1] 维基百科:战略,http://zh.wikipedia.org/wiki/%E6%88%98%E7%95%A5,2013 年 11 月 5 日访问。

[2] 参见《国家"十一五"时期文化发展规划纲要》,新华社北京 9 月 13 日电,见中央人民政府网,http://www.gov.cn/jrzg/2006-09/13/content_388046.htm,2006 年 9 月 13 日。

[3] 参见《中共中央关于深化文化体制改革 推动社会主义文化大发展大繁荣若干重大问题的决定》,中央人民政府网,http://www.gov.cn/jrzg/2011-10/25/content_1978202.htm,2011 年 10 月 25 日。

[4] 参见《国家"十二五"时期文化改革发展规划纲要》,新华网,http://news.xinhuanet.com/politics/2012-02/16/c_111529579.htm,2012 年 2 月 16 日。

用多种形式开拓海外市场)等具体的实施战略。[1]

在上述国家战略指导下的中国出版走出去战略的目标是"提高中国出版企业的国际竞争力和中国文化的国际影响力,增强中华文化的认同感和凝聚力"[2]。目前中国出版走出去战略的实施主要表现在三个层面:第一是政府层面,中国政府出台了多项政策并实施了多项出版走出去工程(如中国图书对外推广计划、中国出版物国际营销渠道拓展工程等);第二是出版企业层面,按照中国出版走出去战略要求,中国出版企业(包括出版和出版物发行企业、民营文化企业等)已经自觉地将版权贸易、合作出版等出版走出去工作作为各自的工作内容进行实施,中国学术出版走出去、中国文学走出去、中国少儿图书走出去等已经成为各类出版机构的共识,发行企业收购海外书店等也不鲜见,多元化走出去正日益成为业界的共识[3];第三是创作层面,已经有不少作者、策划者有意识地为国内和国外两个市场进行设计和创作。这几个层面上的中国出版走出去战略实施正呈现出一种立体化的布局,多元化提升中国出版走出去的规模、范围和效果。

二、中国出版走出去的基本模式和路径

本书第三章曾分析介绍出版的国际传播的三种主要模式,即出版物国际贸易特别是出口,版权贸易特别是版权输出,以及出版企业海外投资并购。根据杨庆国等的研究,近年来在出版走出去的实践中,中国出版走出去主要有4种模式,分别是:出版产品及版权出口模式;业务合作模式;海外FDI模式(直接投资模式);新媒体产业链延伸模式。[4]从出版走出去实践来看,上述4种模式除新媒体产业链延伸模式涉及互联网和数字新媒体出版外,其余三种模式基本与国际出版业实践一致。

中国出版物国际贸易特别是出口,是中国出版走出去的基本路径之一。中国政府一直鼓励扩大出版物出口,中国对外图书贸易出口额近年来也一直平稳增长。[5]以中国图书对美出口为例,可以说明中国出版走出去在出版物实物贸易方面在不断增长。进入21世纪,中国对美图书出口超越了加拿大,中国成为美国的第二大图书进口国,2001年中国出口美国的图书占美国图书

---

[1] 参见《国家"十二五"时期文化改革发展规划纲要》,新华网,http://news.xinhuanet.com/politics/2012-02/16/c_111529579.htm,2012年2月16日。
[2] 张丽.2010年中国出版"走出去"战略研究述评[J].科技与出版,2011(12):31.
[3] 王玉梅.2014新闻出版走出去:迎重要机遇年[N].中国新闻出版报,2014-02-10,参见中国出版网,http://www.chuban.cc/cm/zx/zh/201402/t20140210_152605.html。
[4] 杨庆国,孙梦雨.我国出版产业国际市场进入模式选择研究[J].中国出版,2012(11下):14-15.
[5] 相关数据请参见本书第四章。

进口总额的16.44%。[1]这个纪录很快被打破。据美国商务部公布的数据,到2010年上半年,美国图书进口额达到8.427亿美元,其中从中国大陆进口的图书总额超过了3.43亿美元,中国位居美国图书进口国家的首位。[2]中国出版物对其他国家的出口也同样逐年增长。通过出版物国际贸易特别是出版物出口,中国出版物的海外读者群正逐年扩大,中国社会、政治、经济、文化等信息由此得到了越来越广泛的传播。

中国出版走出去的另一个基本模式和路径是出版物版权贸易特别是版权输出。版权贸易是获得作品版权或其使用权的一种途径[3],它具有经济和文化的双重功能[4],承担着文化传播的使命。在出版的国际传播中,版权贸易是为各国所特别重视的一种路径模式。中国政府和中国出版企业在过去十多年里,不断推动中国出版物的版权输出工作,努力缩小版权贸易中引进和输出数量之比。根据国家版权局的统计,2007年,中国的对外版权贸易引进、输出比为4.28∶1。到2012年,中国版权引进数量为17589种,输出版权为9365种[5],尽管版权引进数量依然高于版权输出数量,但版权贸易的引进、输出比例已经缩小到了1.88∶1。版权输出业已成为众多中国出版社的工作自觉。随着中国出版物版权贸易输出数量的不断增加,中国图书等对外译介传播的面也将越来越广,走出去的成效将日益凸显。

中国出版海外投资及建立出版机构是近年来中国政府为推进中国出版走出去而积极支持的一个路径模式。鼓励有实力的出版企业直接到海外投资参股国外出版社或者直接在国外设立出版机构,是中国出版走出去更为直接、更加能够实现本土化出版传播的有效路径选择。目前,中国国内众多出版传媒集团和有实力的单体出版社等都纷纷走出国门,或者去并购国外出版机构,或者在国外成立自己的分支。比如,中国外文局在美国独立注资成立常青图书(美国)有限公司,后收购了美国最知名的中国出版物发行公司中国书刊社,2002年和香港联合出版集团共同注资在美国成立长河出版社;2007年4月,中国青年出版社在英国伦敦成立了全资子公司中国青年出版社(英国)国际有限公司,实施海外本土化战略开展出版和传媒活动,向英国乃至欧洲大陆传播中国文化。安徽时代传媒集团、上海世纪出版集团等都纷纷在国外或者成立

---

[1] 孙有中,等.美国文化产业[M].北京:外语教学与研究出版社,2007:75.
[2] 吴文婷.美国商务部:中国仍是美国最大图书进口国[N],中国新闻出版网,转引自搜狐读书,http://book.sohu.com/20100926/n275265492.shtml,2010年9月26日.
[3] 徐建华.版权贸易新论[M].苏州:苏州大学出版社,2005:8.
[4] 郭奇.全球化时代版权贸易的文化传播使命[J].中国出版,2009(3):40.
[5] 参见《2012年全国新闻出版业基本情况》,新闻出版总署,http://www.gapp.gov.cn/govpublic/80/684.shtml,2013年7月31日.

独资出版机构或者与海外出版社合作,开辟海外资源,扩大品牌影响,促进中国内容向世界其他国家的传播。

三、中国出版走出去的实践操作

图书等出版物的商品和内容载体特性决定了出版走出去具有的经济和文化双重功能。而要实现真正的走出去,最基本的条件是具备畅通、有效和众多的传播发行渠道。因此,在中国出版走出去的具体实践操作中,建立和拓展海外营销渠道成为中国出版业在选择走出去的路径和模式中最需要解决的问题。

就中国出版物对外贸易而言,受中国进出口管理体制影响,目前中国国内拥有出版物直接出口权的企业比较有限,基本集中在中国图书进出口公司和中国教育图书进出口公司以及部分地方图书公司,如上海外文书店等,一般出版机构出版物的出口基本均由上述企业代理。随着中国出版物出口和走出去发展需求的不断增长,中国政府从2012年开始正式启动实施了国际主流营销渠道合作计划和跨国网络书店培育计划等,并举办了全球百家华文书店中国图书联展,与国际主流发行商拉加代尔集团签订合作协议发行中国图书。[1]这些举措无疑将有效拓展中国出版物国际营销渠道,推进走出去的传播效果。此外,国内也有机构到国外开设书店,扩大图书销售渠道(如中国出版集团和美国百胜公司合作于2008年8月2日,在纽约法拉盛开设了新华书店第一家海外分店)[2],但目前为止仅是个案而已。

中国出版走出去的版权贸易实践则较为成熟,中国出版业目前已经拥有一支懂业务、熟悉国际版权贸易规则的版权贸易人才队伍。每年国际主要的书展如法兰克福书展、伦敦书展、美国书展等都有众多中国出版机构参展,中国出版业的版权人员也非常活跃。在多年来跟国际出版业交流和开展版权贸易的过程中,中国出版业逐步熟悉并了解了开展版权贸易的规则和常规做法,国际通行的版权贸易项目策划设计、信息沟通、权利客体确定、谈判约见、合同文本起草、费用支付、样本管理、版权贸易项目后续追踪以及版权贸易管理的其他常规工作[3],结合中国出版管理的独特要求,都已经成为中国出版社开展版权贸易的自觉行为。版权贸易实践操作的成熟促进了中国出版物版权的对外输出,推动了作品向境外的有效传播。

---

〔1〕 参见《中国出版物国际营销渠道拓展工程两项目开始实施》,http://www.gapp.gov.cn/news/1836/113800.shtml,2012年9月28日。

〔2〕 参见《新华书店第一家海外分店在纽约开张》,http://news.sohu.com/20080802/n258547787.shtml,2008年8月2日。

〔3〕 张宏.有效开展图书版权贸易的八项常规工作[J].大学出版,2004(2):45-48.

中国出版走出去的海外投资、出版机构的设立等实践虽然早在20世纪80年代就已经开始,但其真正成为有实力的出版企业的国际化经营策略以及进入具体实施还是近年来的事情。上文已经提到,至2013年,中国出版在海外投资或者设立分支机构共459家。这些机构主要是由中国国内一些大型出版集团、有实力的出版社以及民营文化公司等设立的独资或合资出版社、书店等。中国政府鼓励企业走出去进行海外投资,出版走出去这种新的实践形式将会继续推进中国出版的国际传播。

除了上述路径和模式选择开展的出版走出去实践外,中国政府还采取了一些具体的措施促进中国图书走出去,中国出版业还与国际出版业界合作举办活动,扩大中国出版物的国际影响。为推动中国图书走出去,中国政府于2004年启动了中国图书对外推广计划,由政府资助翻译出版中国的图书。截至2011年3月,通过该计划与美国、英国、法国、德国、俄罗斯等54个国家的322家出版社签订了资助出版协议,涉及1558种图书、33种语言版本,资助金额超过8100万元[1],有力地推进了中国图书的国际传播。此外,中国出版业通过上海市新闻出版局与德国图书艺术基金会合作举办的一年一度的"中国最美的书"评选活动并将获奖的20种优秀图书参加在德国莱比锡举办的"世界最美的书"的评选,开辟了中国出版走出去的另一个实践活动。[2]该活动迄今已举办了10届。

四、中国出版走出去的成功案例

中国出版业经过过去数十年的努力,产生了一大批走出去的成功案例,有效地促进了中国内容、中国文化在海外的传播。本书撷取其中两个做简要说明。[3]

(1)《中国读本》的成功走出去。《中国读本》是一本由著名学者撰写的介绍中国历史、自然概貌、民族繁衍、文化形成、发明创造、科技典藏、生活风情等基本知识和中国各领域发展成就的图书,是了解中国国情的优秀读物。其出版者辽宁教育出版社通过合乎市场规律的运作方式,授权国际主流出版公司德国贝塔斯曼集团翻译出版德文版,并通过其书友会进入了西方主流图书市场,同时进行多语种翻译版本的出版和推广,在西方读者中产生了较大的影

---

[1] 百度百科:中国图书对外推广计划,http://baike.baidu.com/link?url=rcdcujqUhfZMx5QYzLyTCKFvT8M0IyOxwmbc6gaZLXmyhdKW2qY11GUsB7BFD9epZNFZ3yKNEIfFEhew1tATZ_,2012年12月5日访问。另可参见中国图书对外推广网有关推广计划的综述,http://www.cbi.gov.cn/wisework/content/84372.html。

[2] 关于"中国最美的书",参见中国最美的书官网,http://www.beautyofbooks.com.cn/index.html,2013年12月1日访问。

[3] 更多成功案例可参见陈燕.中国图书"走出去"成功案例选[C].北京:外文出版社,2010.

响。俞晓群对《中国读本》走出去总结了5点思考,即对自身走出去要有正确的定位、要选择合理的走出去模式、要确定文化传播意义上的走出去重点(文学类作品)、要确立走出去图书对当代中国介绍的倾向,以及要在国外出版者和读者之间开展双向工作。[1]

(2)《狼图腾》版权输出神话。《狼图腾》是一部讲述草原游牧民族与狼之间的感人故事的小说,最早出版于2004年4月。到目前为止,该书已经被翻译成30多种语言,在全球110个国家和地区发行,版权输出成交总金额已经超过了100万美元,被称为中文图书版权输出的神话和奇迹。欧美各大主流媒体和电视台曾经连续报道和评论该书。该书于2007年获首届"曼氏亚洲文学奖",2008年该书法文版荣获翻译"金字奖"。该书策划者安波舜在总结《狼图腾》版权输出成功因素时总结了这样几点:准确判断图书所具备的畅销价值;通过积极策划将其形成市场需要的畅销书;主动传播,形成世界范围的阅读;采取有效措施开拓市场化运作的有效途径。[2]

中国出版走出去在版权输出、出版物出口、境外投资等领域还有不少类似的成功案例,但从整体看,这样的成功案例还不是很多,这也反映出中国出版走出去仍有大量工作要做。

五、中国出版走出去的成果

上文已经引用过官方媒体的报道和数据归纳中国出版走出去的成果。但是数据只是反映中国出版走出去现状和成果的一个方面,中国出版的国际传播还有其他值得总结的成就。归纳起来,本研究认为,中国出版走出去的主要成果体现在这样几个方面。

第一,中国出版业通过出版的国际传播和走出去实践,已经进一步融入了国际出版市场竞争,更加熟悉国际出版市场运作规律,为中国出版走出去的进一步发展打下了良好的基础;第二,中国出版走出去渠道和平台建设取得了新的突破,为进一步发展提供了有力的支撑,"尤其是在打造国际立体营销网络方面,破解了多年来困扰中国出版物走出去的渠道难题"[3];第三,中国版权走出去取得了巨大成功,版权贸易逆差改观明显,输出总量提高、范围扩大[4],

---

[1] 俞晓群.《中国读本》"走出去"的十点启示[C]//陈燕.中国图书"走出去"成功案例选.北京:外文出版社,2010:45-49.

[2] 安波舜.解密《狼图腾》版权输出神话[C]//陈燕.中国图书"走出去"成功案例选.北京:外文出版社,2010:73-78.

[3] 冯文礼.柳斌杰畅谈新闻出版业"走出去"成果——大步"走出去"扎实"走进去"[N].中国新闻出版报,2011-12-22,转引自 http://www.gapp.gov.cn/cms/html/21/1120/201112/730290.html, 2011年12月22日。

[4] 金元浦,崔春虎.10年中国版权走出去(2003—2012)[N].中国出版传媒商报,2014-03-12.

已进入欧美主流国家,更为重要的是版权贸易专业人才队伍建设得到了长足的发展;第四,中国出版海外投资和设立独资或合资出版机构已经进入实质性实施阶段并已经建立起数百个海外出版机构。

上述分析反映出在全球化时代,中国社会、政治、经济、文化、信息正得到日益有效的传播,中国国际地位和在各领域的话语权也正在提高。这是中国国家硬实力和软实力共同发挥作用的结果,也反映出中国声音正在向新的广度和深度传播。

第三节 中国出版走出去存在的主要问题

在分析中国出版走出去所取得的巨大成就的同时,人们对中国出版走出去存在的问题也需要有一个客观的认识。尤其是在全球经济、文化交流日益密切、全球化发展不断深入的国际环境里,中国出版走出去跟欧美出版强国相比还存在着明显的差距。

有研究者对中国出版走出去的问题进行了总结,即中国出版机构对"走出去"战略认识不足,对外宣传不够;出版的外向型选题建设薄弱,没有针对国外读者的选题策划团队;中国缺乏精通国际出版市场的专业人才,专业的版权输出中介机构不够发达。[1]这是从微观层面(即出版机构)对中国出版走出去外向型选题策划以及专业人才和版权中介机构存在的欠缺所做出的评价。如果从宏观和微观两个层面来分析中国出版走出去的状况,则本研究认为存在以下这样几方面问题。

在战略层面,中国出版走出去的整体设计存在着对全球化环境里出版传播规律认识和把握不够的问题[2],存在急于求成而忽略走出去的效果的问题。对出版走出去的受众以及对象国市场的读者等与中国社会、政治、文化所存在的差异缺乏足够的认识和理解,对走出去的整体推进操之过急。而且,目前中国出版走出去的主要推动力来自政府,出版企业的内在动力不足。出版走出去的效果和传播效力评估缺乏系统的科学的方法,偏于单纯地以数字为主要的评估依据。

在实践和操作层面,中国出版走出去则存在着这样一些问题。一是出版物海外主流营销渠道依然不是十分畅通,出口量虽大,但还难以进入国外主流渠道[3],也造成了出口额增幅不大,成交金额低的现象。出版物在海外的有

---

[1] 提文静.中国出版"走出去"的问题与对策[J].科技与出版,2011(2):18.
[2] 范军.我国新闻出版"走出去"的理论与实践(下)[J].出版发行研究,2011(12):9.
[3] 范军.我国新闻出版"走出去"的理论与实践(下)[J].出版发行研究,2011(12):9.

效销售情况缺乏权威数据支撑。二是出版企业海外投资及成立独资或合资出版机构的路径不是十分清楚,而即便在海外已经成立了出版机构,其主要出版资源还是来自国内母体出版企业,在海外出版市场独立经营发展的能力不强。而由于国有资本投资存在政府对投资者国有资产保值增值的刚性要求,束缚了出版企业海外投资的积极性,加上政府的优惠政策尚未完全到位,出版企业的境外经营依然非常困难。[1]三是版权贸易中存在着不少问题,比如:版权资源合理利用率低、结构不合理、市场定位模糊、操作模式不灵活、引进输出比例失衡且引进地和输出地之间存在异位现象[2]、运营思路和手段与国际惯例存在冲突、版权贸易专业人员不足且素质偏低等[3]。四是缺乏具有较强国际竞争力和影响力的骨干出版机构和企业,同时出版企业和出版业也缺乏熟悉海外出版市场以及从事海外投资经营的外向型人才,很难与国际出版巨头抗衡。五是在新媒体出版特别是数字出版和互联网产业的传播方面中国出版落后于欧美发达国家,对于出版的网络传播,无论是运作还是内容创作都存在不足。

除了上述问题外,在实践和操作层面,中国出版走出去还存在着一个瓶颈,那就是内容对外传播中的翻译问题以及翻译人才队伍建设问题。出版走出去不仅是经济行为,更是出版内容的对外传播行为。内容的传播便存在着一个语言转换即翻译问题。著名学者陆谷孙先生认为中国文化走出去存在一个翻译问题和汉译外的选题问题[4];谢天振则认为中国文化走出去还不仅仅是一个简单的翻译问题,还有一个语言差和时间差的问题[5],直接影响到国外对中国文化的认识和理解接受。中国出版走出去的主要形式便是内容的译介出版。目前,中国国内翻译队伍尤其是汉外翻译队伍青黄不接,翻译质量堪忧,一定程度上直接影响了中国出版走出去的传播效率和效果。

出版的国际传播是通过出版经营的经济行为对一国的政治、经济、文化等方面内容信息的传播,它存在一个传播效力的问题,即是否真正实现了传播效果。通过对上述中国出版走出去存在的问题的分析,我们不难发现,归根结底,中国出版走出去要实现其真正的战略意图,除了在认识和实践上需要政府、出版业开展大量的工作外,还主要要解决两大核心问题,即中国出版在全球范围内的话语权和传播力问题。

---

[1] 范军.我国新闻出版"走出去"的理论与实践(下)[J].出版发行研究,2011(12):9.
[2] 张宏.为我国图书版权贸易把脉[J].编辑学刊,2009(3):8-9.
[3] 金元浦,崔春虎.10年中国版权走出去(2003—2012)[N].中国出版传媒商报,2014-03-12.
[4] 陆谷孙.中国文化如何走出去?[N].南方都市报,2010-02-07.
[5] 谢天振.中国文化走出去不是简单的翻译问题[N].社会科学报,2013-12-20.

第四节 本章小结

本章从出版的经济和文化双重属性出发,简要地梳理了中国出版走出去的历史,在全球视野下通过中国出版走出去的战略、基本路径和模式、中国出版走出去的实践操作、取得的成果以及成功案例 5 个方面分析了中国出版走出去的现状,从战略层面和实践操作层面分析了中国出版走出去存在的主要问题,并将这些问题从出版的国际传播效力角度归结为两大核心问题,即中国出版在全球范围内的话语权和传播力问题。中国出版走出去不仅仅是形式上的走出去,其终极目标必须是通过出版形式的走出去达到出版所承载的中国文化内容的走出去。因此,如何在全球视野下结合软实力的提升实现跨文化传播,是中国文化和中国出版走出去面临的客观现实问题。本书将在后面两章进一步分析探讨这个问题并提出对策和建议。

第六章 中国出版走出去的话语权及其构建

全球化时代,实力(权力、力量)和话语权是两个几乎可以应用于国际关系、国际传播、跨文化交流以及国际贸易、网络空间、科学教育乃至人们生活的各个领域的概念,在国际出版产业及出版的国际传播领域自然也不例外。

约瑟夫·奈给出的实力(权力,或者又称力量,power)的定义是:获得所期望结果的能力。具体而言,是指对他人的行为施加影响以达到自己所期望结果的能力。[1]在有关实力的更多解读中,人们对实力(或者权力)的理解有这样几种:国家或者领导者追求的目标;对结果、事件等的影响力或者控制力;反映冲突中获胜或者取得安全的力量;对资源和能力的控制;其他人或国家所不能拥有的优势地位;等等。[2]这些能力均属于国际关系中的实力或权力的内容。实力(或者权力)在政治和社会科学中则是指影响人们行为的能力。按照上述有关实力(或权力、力量)的基本概念解读,在出版的国际传播领域,拥有更大或者更强实力的国家更能够通过其出版的国际传播影响他国国民的行为,从而达到或者实现其出版国际传播的真正目的和意图。从这个意义上讲,一国的出版实力越强,其出版的国际影响力就越大,其出版传播的效力也就越高。

前文在分析世界不同区域国家的出版状况和中国的出版状况时,曾经把一国的出版业经济实力解读为该国的出版硬实力。本研究也发现,在当今世界出版的国际传播中,出版强国向其他地区的传播反映出出版硬实力的影响。由于出版具有经济和文化的双重特性,因此出版的国际传播同时也是内容信息的传播,内容也是决定出版传播效果的一个构成因素。这样,本研究引出出版的国际传播中一国的出版软实力的概念。软实力(或者软力量)包含影响

---

[1] 约瑟夫·奈. 软力量——世界政坛成功之道[M]. 吴晓辉,钱程,译. 北京:东方出版社,2005:1-2.

[2] 维基百科英文版:Power(international relations),http://en.wikipedia.org/wiki/Power_(international_relations),2013年9月3日访问。

力、吸引力,是一种能够影响他人喜好的能力。[1]如果一国的出版具备这种影响和吸引他国民众并影响其对出版内容乃至包括出版形态的喜好的能力,那么可以认为该国拥有更强的出版的软实力。这种出版的软实力除了反映出一国出版传播的内容的吸引力外,也反映出该国出版的国际传播中所具有的国际出版话语权。

法国哲学家福柯在其文章《话语的秩序》中认为,话语就是人们斗争的手段和目的,"话语即权力,人通过话语赋予自己以权力"。福柯认为,话语不仅是思维符号,也是交际工具,既是手段也是目的,并能直接体现为权力。[2]话语即言语。人们一般认为话语权就是说话权,"为了表达思想、进行言语交际而拥有说话机会的权利。话语权决定了谈什么。掌握了对外话语权,决定了社会舆论的走向,占据了对外交往的主动权"[3]。话语权是一种权力的表现形式。[4]话语权反映了一种主导权。

而一国的国际话语权则是一个国家文化软实力的重要指标和体现。在国际关系以及国际传播领域,国际话语权是指一国在国际社会权力结构中的地位和影响力,包括对国际舆论的影响和控制能力以及对意识形态主导权的掌控和维系能力[5],是通过话语传播影响舆论,塑造国家形象和主导国际事务的能力[6]。

如果将话语权概念引进到出版的国际传播中来,则一国的国际出版话语权反映的应该是该国出版从理念到模式到资源到影响等在国际上的地位并反映到其出版的国际传播过程中。由于中国出版走出去是中国文化走出去的重要战略组成,因此中国出版国际话语权的构建和确立对于中国出版走出去具有特别重要的意义,也是中国出版要解决诸多问题的重要对策。本章将主要分析中国出版国际话语权的内涵及其构建。

此外,出版的经济和文化的双重特性决定了出版的国际传播是出版硬实力和出版软实力双重作用的结果。因此,构建和确立中国出版的国际话语权还需要与中国出版硬实力的建设双管齐下。而中国出版走出去的硬实力建设主要体现在中国出版的国际竞争力建设上,其方向便是中国加强和扩大中国出版走出去的国际传播力。国际出版传播力与国际出版话语权一起从出版的

---

[1] 金元浦,崔春虎.10年中国版权走出去(2003—2012)[N].中国出版传媒商报,2014-03-12.
[2] 张国祚.关于"话语权"的几点思考[J].求是,2009(9):43.
[3] 郭继文.从话语权视角谈和谐世界[J].前沿,2009(10):30.
[4] 张志洲.话语质量:提升国际话语权的关键[J].红旗文稿,2010(14):22.
[5] 杨朝钊,梁一戈.论我国国际话语权的建构[J].新闻世界,2013(12):149.
[6] 张铭清.文化软实力的重要指标:话语权[C]//张国祚.中国文化软实力研究报告(2010).北京:社会科学文献出版社,2011:164.

硬实力和软实力两个方面共同发生作用,推动出版的国际传播。出版的国际传播力构建因此也成了中国出版解决不少问题的另一个重要对策。本书下章将讨论中国出版的国际传播力构建。

第一节 中国文化走出去的国际话语权问题

出版业属于一国的文化产业,其产业经济属性和文化属性使得包括出版在内的文化产业对一国具有独特的重要性。"文化产业致力于创造和流通的产品——文本——对人们认知世界产生着重要影响。""文化产业是促进经济、社会及文化变迁的机制。""文化产业国际化不仅使得文化的国际流动更为错综复杂,也造就了越来越多的全球性的庞大企业。"[1]同时,"文化贸易是个双向过程"[2],对贸易双方都会产生交互影响。出版的文化产业属性和出版的双螺旋结构特性,决定了出版的国际传播既是一种经济扩张行为,又是一种文化传播(即文化走出去)行为。从这个意义上讲,对中国出版走出去的话语权进行讨论需要将其放在中国出版走出去承担的向国际传播中国文化的战略内涵中进行分析。

一、全球视野下的中国文化走出去

文化是一个"独特人群或社会团体的生活全貌"[3]。文化就是"为了提升个人和社会的生存能力、增强适应能力以及保持他们的成长和发展,一代一代传承下来,并通过后天习得的共同行为。文化有外在形式和内在形式"[4]。文化软实力则是指一个国家在一定的生产基础上形成、通过文化形式在较长时期内对本国公民以及其他国家产生的综合力量,其核心是价值观,主要表现形式是吸引力、凝聚力、影响力、选择力和排斥力,目的是通过非强制手段达到预期目的。[5]一国的文化软实力可划分成两个基本层面,即内部层面和国际交往层面。其中国际交往层面的文化软实力是指"文化所蕴含的价值观具有普世性,文化载体和文化传播能力具有先进性,对待其他国家和民族文化具有包容性,在积极善意传播中使国家形象具有强大魅力、国家发展模式具有很强

---

[1] 大卫·赫斯蒙德夫.文化产业[M].张菲娜,译.北京:中国人民大学出版社,2007:3、7、10.
[2] 约翰·米科尔斯维特,阿德里安·伍尔德里奇.为什么反全球化是愚蠢的[M]//罗伯特·J.阿特,罗伯特·杰维斯.国际政治——常在概念和当代问题.7版.北京:中国人民大学出版社,2007:430.
[3] Williams, Raymond. Culture[M]. London: Fontana, 1981:11.
[4] Larry A. Samovar, Richard E. Porter, Edwin R. McDaniel. Communication between cultures[M]. 6th. New York: Cengage Learning, 2007:20.
[5] 刘洪顺.关于国家文化软实力的几点思考[J].理论学刊,2008(1):14.

影响力、国家在参与和处理国际事务中具有强大公信力与支持力"〔1〕。

在全球化日益发展的当今世界,一国的文化软实力已经在相当大的程度上影响到了其经济发展的国际地位,"在国家层面上,软实力主要寓于政治价值观、制度、文化、外交和国民素质之中"〔2〕,因此各国政府都非常重视文化产业的发展以及文化的对外传播。中国政府已将中国文化走出去提升到重要的国家文化战略的高度,并相继出台了文化振兴规划和各类扶持政策,支持政府机构、企业、媒体等以各种形式、途径向国际传播中国声音,让世界其他国家和人民了解中国文化,了解并理解中国的和平崛起发展道路,从而不断提高中国的国家形象,提升中国在国际事务中的话语权。在过去的数十年里,中国文化走出去所取得的成就,主要表现在以下几个方面〔3〕:

第一,国际文化交流的规模和影响日益扩大。据《光明日报》报道,到2012年上半年,中国已同145个国家签订政府间文化合作协定和800多个年度文化交流执行计划。对外文化交流的规模和影响日益扩大,内容和形式日益丰富,渠道和层次更加多样。

第二,海外中国文化中心的建立日益增加。预计到2020年,中国将在海外建成中国文化中心50个。

第三,中国在海外举办各种不同规模的中国文化节、艺术节、电影展等推介中国当代文化艺术,促进中外文化交流。

第四,中国核心文化产品和服务出口增速不断提高,2001年至2010年平均增速分别达到了15.9%和28.7%。

第五,中国在全世界范围内开办孔子学院,推广中国语言文字和中国文化。目前全球已经开设了超过360所孔子学院和超过500个孔子课堂。

就全球范围内审视,人们应该看到中国文化还并非国际主流文化,中国的文化竞争力跟近年来中国不断增强的综合国力和经济实力等国家硬实力并不相称。具体表现在以下四大方面:

(1) 在世界文化市场上的占有量不高。美国占43%,欧盟占34%,亚太地区占19%,其中日本占10%,澳大利亚占5%,其余4%才属于包括中国在内的其他亚太地区国家。〔4〕

(2) 中国核心文化产品的国际贸易存在巨大逆差。根据《中国对外文化

---

〔1〕 吴桂韩.中共十七大以来国家文化软实力研究述评[J].中共党史研究,2012(6):98.
〔2〕 韩勃,江庆勇.软实力:中国视角[M].北京:人民出版社,2009:总序.
〔3〕 综合《光明日报》2012年7月3日"科学发展 成就辉煌"系列报道中有关中华文化走出去的内容整理.
〔4〕 万季飞.大力实施文化"走出去"战略[N],中国共产党新闻网,http://dangjian.people.com.cn/GB/16790598.html,2012年1月4日.

贸易年度报告2012》统计,2010年中国的货物进出口总额已经达到29740亿美元,居世界第一,但核心文化产品的进出口总额只有143.9亿美元,不足贸易总额的1%,且输出引进比高达1∶3。

(3) 中国的影视节目、图书、报刊和通讯社的报道等在国外"落地"较少,落地之后听众、观众、读者也不普遍,影响力较为有限。在国际上具有较大影响力、进入主流文化的各类影视、文学、科学、学术作品不多。

(4) 在互联网时代,中国互联网内容的国际影响力非常薄弱。

而反观国际其他国家文化的全球影响(包括对中国文化的冲击)则越来越强烈。本研究以国际主要文化产品贸易大国为例对此做一分析。比如,日本流行文化(像动漫等文化产品)不断向全球推广,其影响几乎已经遍布全世界。日本政府同时把文化产业定位为新的主力产业,在2010年召开的"Cool Japan(酷日本)官民专家会议"上提出到2020年把本国的动漫等文化产品的出口额从4.5万亿日元增加到12万亿至17万亿日元的目标。而韩国政府则预计"到2017年韩国文化产业出口额将从2012年的48亿美元增长到100亿美元"。"韩流"已经成为一个世界范围内的现象,韩国的流行音乐、电视剧以及动漫产品等都开始拥有国际听众和观众。2012年鸟叔在全球走红只是其一个典型例子而已,其在YouTube上的点击量超过了16亿。美国则在近年来不断拓展其文化服务贸易。根据联合国贸易与发展委员会的统计资料,2011年美国的文化服务贸易出口额达到了1201.47亿美元,占世界出口总额的比例高达42.21%,是文化服务贸易的绝对出口大国。其出口增速则为3.4%,尽管这个比率低于7.47%的世界平均增速,但由于美国文化服务贸易出口额基数庞大,因此绝对值远高于其他国家。[1]美国的流行音乐、影视、传媒、出版、网络游戏、时尚、教育等在全世界传播并产生了巨大的影响,并已将其他老牌文化贸易大国如英国、德国、日本等远远甩在后面。甚至美国英语也已经成为全球英语学习者追随的语言类型。

尽管中国文化走出去取得了一定的成绩和国际影响,但跟其他国家相比,其存在的问题显而易见,其中文化贸易的巨大逆差说明了中国文化走出去亟须解决不少问题。其中,中国文化产品附加值低,欠缺文化内涵及创意,缺乏人类共同价值观内在,品牌战略意识缺少,文化产业规模化、专业化和集团化不足,文化走出去国际营销渠道建设局限,还有国际营销人才、文化创意人才、翻译人才等人才队伍匮乏,等等,均是中国文化走出去目前遇到的困难和问题。[2]这显然与中国国家硬实力地位很不相称。这些问题同样也反映在中国

---

[1] 相关数据参见张希坤.美国文化服务贸易发展及对中国的启示研究[J].对外经贸,2013(3).
[2] 王雅坤,耿兆辉.中国文化走出去的影响因素及路径选择[J].河北学刊,2013(3):209.

出版走出去的现状中,包括出版走出去专业人才、翻译队伍、出版国际营销渠道、国际营销管理人才、具有国际性影响的出版品牌、出版企业走出去能力规模等方面的限制。因此文化传播首先要解决一个走出去的国际话语权问题。

二、中国文化走出去的国际话语权问题

国际话语权是以硬实力为基础和前提的。[1]中国文化走出去的国际话语权的基础是中国日益提高的经济实力。国内学者认为,软实力是硬实力发展的前提,影响硬实力发挥作用的效果,也可以弥补硬实力的不足,甚至取代硬实力。[2]作为反映软实力的一个重要指标,国际话语权的掌握反过来也能够进一步支撑硬实力的提升和巩固。

有学者认为,话语或语言与文化是有机整体,同时话语还是不同文化沟通、互动的动力。话语的本质是文化,文化影响甚至决定着话语主体,话语权的权威性和作用范围取决于文化的先进性。[3]要推进中国文化走出去,首要任务便是发展中国文化软实力,增强中国的国际话语权。

但与美国等国家相比,中国的文化软实力显然还处于相对较弱的位置,中国文化走出去的国际话语权还不够强。以美国为例。美国充分依靠其经济和技术优势,利用全球化时机,通过贸易渠道向全球推销带有美利坚印记的文化产品和文化服务(包括美国的影视节目、生活习惯和品牌等),同时开展跨文化交流活动,输出美国的文化、价值观等,并以此对其他国家的公众在文化观念和价值取向上产生影响,从而建立起其强大的国际话语权。相比之下,中国无论是从政治文化、大众文化还是传统文化等方面看,其文化软实力在全球范围内发生的影响力均相对较小,从而直接影响了中国文化的国际话语权。

因此,有学者提出了创新当代中国文化内容、增强自身文化软实力、有效整合文化传播资源和力量、大力发展涉外文化产业、因地制宜实行差别化的地缘文化输出战略以及优化中国文化走出去的地缘环境等对策[4],以此来推进中国文化走出去,提升中国文化软实力,不断提高中国文化走出去的国际话语权。

显然,中国文化软实力一方面是在中国的硬实力不断提升的基础上得到加强,另一方面也在影响着中国硬实力的发展。中国文化软实力所体现的中国文化国际话语权对于中国文化产业的发展及其对外影响至关重要。中国出版国际话语权的构建也就成了提高中国文化走出去、提升中国文化软实力

---

[1] 杨朝钊,梁一戈.论我国国际话语权的建构[J].新闻世界,2013(12):149.
[2] 韩勃,江庆勇.软实力:中国视角[M].北京:人民出版社,2009:序言.
[3] 张殿军.硬实力、软实力与中国话语权的构建[J].中共福建省委党校学报,2011(7):62-63.
[4] 张殿军.中美文化软实力比较研究[J].重庆交通大学学报(社科版),2010(12):93-94.

的重要组成部分之一。

第二节 出版的国际话语权及中国出版的国际话语权状况

中国出版走出去同样存在着确立并不断提升和增强其国际话语权的迫切需求。本书第四章和第五章分析并论及了中国出版目前的国际地位以及中国出版走出去存在的诸多问题,本研究认为中国目前在数量上已经成为当之无愧的出版大国,但在出版的国际传播的若干指标(如出版物国际贸易总量中的出口量、版权贸易中的版权输出量、中国出版在海外的投资以及包括中国出版国际化经营和翻译人才等方面)上,跟欧美出版强国相比还存在着巨大的差距。[1] 而要解决这些问题并将中国发展成国际出版强国,除了政府扶持、出版业自身做大做强之外,从中国出版走出去的要求看,构建并提高中国出版的国际话语权是一个更具实践价值和意义的对策。

一、出版的国际话语权的内涵

从文化传播的意义上讲,国际出版话语权属于一国出版软实力范畴,它同时作用于该国的出版硬实力,两者起到互相支撑的作用。本研究在对业界有关出版话语权的研究进行梳理后发现,目前尽管媒体等对国际出版话语权这个表述的使用经常可见(如2010年9月13日《中国文化报》采用了"中国出版业的国际话语权正逐步建立"来报道第17届北京国际图书博览会[2]),但对国际出版话语权的定义、内涵等尚没有一个成熟和为大家所接受的描述,只在一些文献里有零星的涉及,如张宏把国际出版话语权定义为一国或地区的出版业从内容到形式到整个产业链模式对国际出版业的发展方向具有引导和领先或预知作用的地位[3]。这个定义显然是不完整的。

话语权反映的是权力或者实力,一国的国际话语权反映的是该国在国际事务中的影响力和地位,在传播上反映出的是传播效力。而在某个经济领域的国际话语权则可以相应地反映该经济领域在区域或者国际范围内的影响力和地位。因此,本书将国际出版话语权的内涵做如下表述。

一国的国际出版话语权是指该国的出版理念、出版发展模式、出版内容和资源、出版运作机制、出版创造力或创新能力、出版传播以及该国出版所传播

---

[1] 相关分析请参见本书第四章和第五章的内容。
[2] 见 http://www.chinanews.com/cul/2010/09-13/2529476.shtml,2010年9月13日。
[3] 张宏.为我国图书版权贸易把脉[J].编辑学刊,2009(3):10-11.

的该国文化软实力在国际出版中的主导能力和影响能力。从跨文化传播的视角和文化产业的视角看,国际出版话语权是指一国出版的国际传播中通过文化和服务贸易将本国文化向其他国家公众进行有效传播的软权力因素。

出版理念和出版发展模式,这是指导一国出版企业的出版行为,在出版发展过程中形成的一整套指导思想、行业价值观和有效商业模式。以美国为例,美国图书出版业基本被划分为这样四大类别:大众图书出版(包括成人大众和青少年大众两大类型)、宗教出版、专业和学术出版、教育出版。[1]其中美国政府将美国的大学出版单列为非营利出版(专注学术出版),其余的出版企业则属于商业出版之列,其出版活动以追求利润为主要目的。这样一种出版指导思想和行业价值观所产生的影响是巨大的。首先,美国大学出版社专注于学术积累和出版,追求学术价值,免于因对利润和生存问题的追求而使得学术出版异化[2],美国因而成为国际学术出版强国,这也反映了美国科学研究的发达。其次,商业出版按照市场规则运作,美国出现了众多大型出版集团,商业上取得了极大成功,成为国际出版市场的风向标。而在新媒体和互联网时代,美国的数字出版商业模式的推出同样引发了全球出版的仿效和学习。

出版内容和资源是出版国际话语权内涵的一个重要构成要素。在出版的国际传播过程中,出版物内容的吸引力、所反映的价值观、文学价值或科学价值以及所能获取的出版资源等,是其向其他国家走去、吸引国际关注并获得成功的主要影响因子。本章提到的《狼图腾》一书,其版权输出获得巨大成功,跟该书所反映的人与自然的关系及其中透射出的普世性价值取向有着巨大的关系。而像欧美出版的诸多畅销作品如《哈利·波特》系列等,都是因为出版内容所反映的不同价值观而得以在全球范围内大量传播。中国作家莫言获得诺贝尔文学奖跟其作品内容及其翻译传播也密切相关,莫言本人曾说过得奖"一半是翻译的功劳",而其作品本身的内容价值则是产生巨大文学价值的根本。

出版运作机制是一国国际出版话语权构成的另一要素,它反映的是一国出版的经营管理理念的先进与否以及是否符合国际出版运作惯例并为他国出版业认可与接受。比如,欧美有着成熟的文学经纪业和版权代理业,因而其出版国际传播中的版权贸易有着一整套完善的运作机制,并且有一大批专业人员从事这项工作[3],其版权贸易尤其是版权输出成果明显,英美等国也成了国际版权输出最主要的国家。中国出版走出去过程中出版企业开展版权贸易基本都按照欧美的版权贸易运作机制和操作模式进行。

---

[1] 阿尔伯特·N.格莱科,等.21世纪出版业的文化与贸易[M].丁以绣,林成琳,译.北京:中国人民大学出版社,2010:47-49.

[2] 张宏.美国大学出版社的历史、定位和宗旨[J].大学出版,2005(1):37.

[3] 张宏.文学经纪:从克林顿自传说起[J].出版广角,2004(12):6-7.

出版创造力或创新能力和出版传播能力则反映出了一国出版的整体国际地位。出版创造力反映的是出版的创意和创新能力,出版传播能力则是一国出版营销渠道和营销效果的体现。新型的出版内容创意和出版形态的推出、完善的主流出版营销渠道、对新媒体和互联网的有效利用,这些都是欧美出版强国目前占据国际出版主流市场、拥有国际出版话语权的基本支撑。

国际出版强国掌握了这些国际出版话语权的内涵要素,也便掌握了国际出版话语权,其出版的国际传播有效性大大高于其他国家。比如一年一度的法兰克福书展是国际最大的书展,前去洽谈版权贸易的各国出版业人士大多会前往集中了美国和英国等参展出版商的八号馆寻找合适的版权引进项目。而其他场馆除了德国馆外,基本都人流不大。这个场景从一个侧面反映出美国和英国等出版强国在国际出版业的主流地位。英美出版商在对版权授权方面提出的很多条件(比如最低印数保证MG[1]、最低销售量保证、最低版税保证等)则更直接地表明了其强势地位以及所掌握的国际出版话语权。

二、中国出版的国际话语权状况

中国出版的国际话语权指的是中国出版的出版理念、出版发展模式、出版内容、出版运作机制、出版创造力、出版传播及中国出版所传播的中国文化软实力在国际出版中的主导能力和影响力。

应该说,随着中国国力的强盛、中国的和平崛起和国际地位的不断提高,在中国硬实力条件支撑下,中国出版的国际地位和影响力也在不断提高。中国文化和中国出版走出去战略实施十多年来,中国出版的国际话语权也得到了加强。中国出版国际话语权的提高和加强表现在以下一些方面。

第一,中国出版反映中国政治、社会、经济和文化的内容日益受到国际出版业的关注,并不断引发国外读者的阅读兴趣。像《话说中国》丛书、《中国文化与文明》系列丛书、"人文中国"书系、《从甲骨文到 E-Publications——跨越三千年的中国出版》《汉语900句》等反映中国历史、文化、地理、人文、文学、政治、经济、当代中国社会、科技史、汉语语言学习等内容的出版物被国外众多出版社引进翻译出版,其中不少图书进入了西方主流读者群(如本书第四章提到的《中国读本》被德国最大的出版集团贝塔斯曼旗下的书友会向全球会员推荐)。中国版权贸易输出数量不断增加,反映出国际社会对中国和中国内容的关注,同时也说明了中国出版的国际影响力在不断提高。

---

[1] MG,即 minimum guarantee,包括印数(number of copies to be printed)、销售量(minimum annual sales)、版税额(minimum royalty),是近年在中国版权贸易引进中外方出版机构要求在版权合同中必须加入的条款,以确保授权方每年最低限度的利益。这是一种带有强势意味的条款,本研究认为造成这种现象的众多因素中包含了外方在版权贸易输出时的强势话语地位因素。

第二,中国出版的国际地位正在不断提高,这在国际出版业主要书展对中国的重视和具体行动上可以得到反映。法兰克福书展是全球规模最大、最有影响力的国际书展,该书展自1976年开始设立主题馆和主宾国,集中展示和介绍主题地区和主宾国的图书出版、文学传统和文化。每年的主宾国、主题馆都会成为书展的一个亮点,成为这些国家和地区开展公共外交和跨文化交流的理想平台。[1]中国应邀成为法兰克福书展2009年的主宾国,主题内容是中国文学,主宾国口号是"传统与创新"。[2] 中国政府和出版业利用这次机会大力推广中国的图书、文学,介绍中国文化,取得了广泛的影响。2012年中国又成为伦敦书展的主宾国,中国派出了由180多家出版社和31位作家组成的庞大代表团参展并向西方传播中国出版和文化。2014年法国巴黎图书沙龙邀请中国上海担任主宾城市,2015年美国书展中国又被邀请担任主宾国。中国出版话语权的提升有力地促进了中国出版国际地位的提高,推进了中国出版走出去和中国文化的国际传播。

第三,中国出版市场越来越吸引国际出版强国的关注和重视,主流出版集团和出版商纷纷设法开拓中国出版市场,与中国出版机构合作。目前,国际主要大型出版集团和主流出版商大都与中国出版展开各种形式的合作,其中合作出版、版权贸易和利用中国出版资源开拓国际出版市场等是最为常见的形式。美国的兰登书屋、圣智学习、华纳出版、麦格劳希尔等出版公司和众多大学出版社,英国的培生集团、麦克米伦集团、企鹅书屋、爱思维尔集团、牛津大学出版社、剑桥大学出版社等,德国的贝塔斯曼集团、斯普林格出版公司等,法国的阿谢特,日本的小学馆、讲谈社等,这些国际主流出版商都已经在中国开展相关出版业务,同时也以不同的形式(比如联合翻译出版等)帮助中国出版走出去,开拓海外市场。

然而,我们必须看到,跟国际出版强国相比,中国出版的国际话语权并不是那么强,还存在着相当的欠缺,亟待提升。中国出版走出去的成功案例以个案为多,尚未形成普遍性。中国出版在很多方面还没有真正掌握国际话语权。

第一,国际出版业对中国出版的出版理念和出版运作机制尚缺乏了解和理解甚至难以接受。中国出版企业虽然理论上按照市场经济规律运作,但还存在着政府的保值增值要求以及意识形态要求。这对于很多国家的出版商来说可能不能理解和接受。表现在具体的出版业务中,便是中国出版在某种程度上更注重出版品种的数量而不注重其市场表现和效益,这在版权贸易中反

---

[1] 方世忠.书的世界与世界的书——世界著名书展:国际对标和中国案例[M].上海:上海译文出版社,2013:33.

[2] 方世忠.书的世界与世界的书——世界著名书展:国际对标和中国案例[M].上海:上海译文出版社,2013:34.

映得尤为明显,很多出版机构是为政绩在开展版权贸易工作。这种国际出版对中国出版机制理念的费解使得中国出版理念的国际传播受到很大局限。

第二,由于文化差异、语言差异、社会政治制度的差异,很多中国出版物的内容较难为其他国家的出版业和读者理解或认同,从而影响了中国出版物在海外的传播,影响了国外公众对中国社会文化的全面和深入了解。有分析指出,中国的版权输出内容较为单一,目前主要集中在中国绘画、书法、中医等中国传统文化方面[1],缺乏世界性话题内容,从而较难被国外出版机构以及读者理解和接受。而中国出版能够传播到其他国家并被国外公众和读者接受的作品和内容则并不多见,这也同样影响了中国出版走出去,并在相当程度上反映出中国出版内容的创造性和创意能力不足,成为影响中国出版国际话语权的一个因素。

第三,中国出版缺乏走出去的海外主流营销渠道,使得国际出版界和国外读者缺乏接触反映中国内容的出版物的条件和机会,从而影响中国出版的国际地位。中国版权输出的不少项目要么最终没能出版,要么出版后未能进入国外主流书店和销售网络(如亚马逊等网站),其传播效果跟中国出版引进的诸多版权(如日本作家村上春树的作品、英国作家J.K.罗琳的《哈利·波特》系列以及像丹·布朗的小说系列等动辄数十万上百万的销量)相比形成了巨大的反差。这既影响了中国出版国际话语权的提升,同时又反映出中国出版国际传播力的问题。

第四,尽管国际社会对中国的社会、政治、经济、文化等各个领域的关注度越来越高,但中国出版缺乏用"他们的语言讲述中国故事"的创意内容和形式,而是在出版走出去过程中沿用传统思维,将以中国人思维方式创作的作品推介给国外出版商和读者,被接受度不高。此外,在互联网时代,利用网络等新媒体手段开发内容及其合适的载体进行出版传播的能力不足。这些因素影响了中国出版的国际吸引力,国外出版企业对中国出版的内容、理念、创新产生认识和理解上的困难,从而使得中国出版的国际话语权大打折扣。

第五,中国出版业缺乏具有国际视野和国际意识、通晓国际出版规则和海外经营、能够有效进行跨文化沟通、精通出版业务、能够促进中国出版走出去、建立中国出版国际影响地位的复合型人才。在国际出版业界和出版论坛上很少听到中国出版人发出的具有独到见解和超前意识的能给人以全新启迪的意见和内容,对出版创新发展缺乏深入研究和思考,在与国际同行的交流中流于形式,局限于业务层面,较难赢得国际出版专业人士的认同和尊重。这些都是中国出版提升国际地位以及掌握国际出版话语权的障碍。

---

[1] 李英珍.我国图书版权输出现状浅析[J].出版广角,2013(10):24.

第三节 中国出版的国际话语权构建

如上文分析,中国作为一个出版大国已经具备和拥有了一定的国际话语权,近年来众多国际大型书展邀请中国担任主宾国(如2009年法兰克福书展、2012年伦敦书展、2014年法国图书沙龙、2015年美国书展等),反映了中国出版的国际地位在不断提高。但随着中国向出版强国的迈进以及中国出版走出去战略的要求不断推向深入,中国出版需要不断构建并拓展其国际话语权,以满足中国出版走出去的需要并跟中国作为一个文化大国和经济大国的国际地位所拥有的国际话语权相匹配,解决中国出版目前在走出去实践中存在的诸多问题,并在此基础上继续推进中国出版和中国文化走出去。

为此本研究对中国出版构建和拓展国际话语权、推进中国出版走出去提出如下五个方面的建议和设想。

第一,在全球化背景下,提高中国出版的文化创新自觉并占领国际出版和文化发展的制高点,提升中国出版内容的质量和先进性。话语权在当代必须以文化的先进性和真理性为内容依托。如果没有高质量、高品质的文化内容,话语权也就失却了战略依托和生命力。[1]提高中国出版的文化创新自觉和占领文化发展的制高点,其本质是提高中国出版走出去内容的质量品质和先进性,创新中国文化和出版内容,把真正中国的并且也是国际化的内容呈现给世界,从而推进优质文化内容在全球的传播,实现提高中国出版的国际话语权、促进中国文化和中国出版走出去的战略目标。为此,中国出版业应从发掘中国传统和当代文化中优秀的、民族的、具有普世性价值的内容,鼓励广大作者创作优质的文学、科学和其他领域的作品出发,以具有创新性、符合国际公众话语接受的方式去策划出版高质量的出版物,以此吸引国际读者公众和国际出版同行,构筑中国出版自身的国际地位和话语权影响。

第二,在全球化时代和互联网新媒体时代,加强中外出版理念和出版运作机制的交流与沟通,建立中国出版的比较优势,树立中国出版在国际出版的优势地位。在互联网和数字新媒体技术时代,内容的创作、出版的形态、呈现方式、传播途径等跟传统出版相比都已发生了巨大的变化,出版已经打破出版[2],同时出版的全球化也日益深入。"认同感所在,话语权所生。"[3]中国出版业首先应明晰自身的出版理念,比如中国出版的基本理念是积聚和传承中国文化、

---

[1] 张殿军.硬实力、软实力与中国话语权的构建[J].中共福建省委党校学报,2011(7):64.

[2] 张宏.从转型走向破局——关于数字出版与纸质出版的博弈[J].编辑学刊,2011(3):7.

[3] 张国庆.话语权:美国为什么总是赢得主动[M].南京:江苏人民出版社,2011:3.

建立中国式的出版体系来满足公众的文化需求,同时不避讳中国出版的商业追求等。中国出版的理念、运作机制要得到国际出版的认同,便需要主动加强中外交流与沟通,将具有中国特色的中国出版运作机制以更符合国际出版市场需求和更加有出版成效的形式推介给国际出版业,从而建立中国出版的比较优势,并进而拓展中国出版的国际话语权,提高中国出版的国际地位。

第三,构建中国出版的价值体系,并在营造具有国际出版共同价值内涵的前提下突出中国出版特色,从而让中国出版走出去无论是在走出去的内容和机制面上方还是内在的价值都获取国际出版业以及他国公众的认同和接受,以此扩大中国出版的国际影响力和吸引力,拓展国际出版话语权,并进而实现中国出版走出去的战略目标。出版的话语权是一种软力量,而话语权的构建跟软力量的提升一样,"依赖于一些共同的价值观"[1]。中国出版的价值体系应该包括国际同行所能认同的出版经营理念和机制、国际读者公众和出版同行能够理解并接受的具有共同价值观的出版内容、客观反映中国出版现实的传播方式和能够为国际出版业以及国际读者理解并进一步接受的出版话语方式等。

第四,积极采用互联网时代数字出版技术的优势,结合传统纸质出版,以立体化、综合性的出版形式呈现中国出版的优质内容,并且在文学作品出版、学术出版和大众出版等方面掌握话语权,推进中国出版走出去的成效。网络传播已经是当下世界各国文化传播日益依赖的形式,通过有效的网络手段实现中国出版形式的创新和内容的跨时空传播,吸引国际出版者、创作者和阅读者的关注,将是未来中国出版进一步提升话语权并扩大传播效果的主要路径。

第五,从国际化视角培养中国出版从业人员的话语权意识,即在中国出版走出去的过程中,出版从业人员都应具有为中国的出版利益乃至国家文化利益发言的意识。"公民话语权意识越强,媒体的国际影响力就越大。"[2]中国出版从业人员的国际话语权意识越强,则中国出版走出去的国际影响力也相应地会不断增强,中国出版的国际话语权也因此会不断得到提升和拓展。

在中国出版走出去的过程中,中国出版的国际话语权的构建和拓展与决定中国出版走出去效果的另一个重要因素密切相关,那就是中国出版走出去的传播力问题。本书将在下一章对中国出版走出去的传播力及其构建进行讨论。

---

[1] 约瑟夫·奈.软力量——世界政坛成功之道[M].吴晓辉,钱程,译.北京:东方出版社,2005:121.

[2] 张国庆.话语权:美国为什么总是赢得主动[M].南京:江苏人民出版社,2011:140.

第四节 本章小结

　　本章通过将实力(权力)概念特别是软实力概念以及话语权概念引入文化传播和出版的国际传播，分析了中国文化走出去的现状和存在的问题以及中国文化走出去的国际话语权问题，提出了构建中国出版的国际话语权观点，提出国际出版话语权的内涵和定义，分析了中国出版国际话语权的状况和不足，对构建并拓展中国出版的国际话语权提出了建议和设想。中国出版走出去必须在建立起自身的国际话语权后方能对国际公众产生影响，并实现真正走出去的战略目标。

第七章　中国出版走出去的传播力及构建

有学者认为,全球化本质上是"一个传播性概念"[1]。以信息传播技术为强大驱动力,以资本(经济)全球化为显著特征的全球化逐渐扩展到政治、文化、社会等诸多领域。[2]全球化的一个基本标志是参与全球化进程的国家在几乎各个领域进行全球产业竞争的同时进行对外文化传播。而兼具商业(经济)特性和文化特性的各国的出版业也无法独立于国际竞争的现实,其作为文化产业所拥有的文化传播的功能跟其他媒介产业有着同样的力量,这使得出版的国际传播面临着一个传播效力的问题,而传播效力所反映的则是出版作为文化产业的竞争力的结果。换言之,文化产业如出版的国际传播力是与产业的国际竞争力密切相关的。因此本研究在讨论中国出版走出去的传播力问题时,必须跟中国出版的国际竞争力结合起来。

从传播学意义上讲,传播力是与传播效果相关的。一般认为,传播效果是指传播者发出的信息经媒介传至受众而引起受众思想观念、行为方式等的变化。[3]传播效果取决于传播力的大小,反映的是传播的影响广度和深度。目前人们对传播力基本存在两种认识,一种是从传播的硬件以及传播所达的范围看,传播力是指传播的能力;另一种认识是从传播的精度即传播效果看,传播力是指传播的效力。本研究认为,传播力应该是两者的统一和平衡,它既是一种"硬"的能力,同时又反映出"软"的效果。在信息传播国际竞争日益激烈的今天,"传播力是指一个国家对外输送信息的能力,它是硬实力与软实力的结合体"[4]。一国出版的国际传播力很明显地具有这里所说的硬实力与软实力相结合的特征。前者是指一国出版的国际竞争能力即传播能力,后者则是

---

[1] 李智.全球传播学引论[M].北京:新华出版社,2010:2.
[2] 李智.全球传播学引论[M].北京:新华出版社,2010:2.
[3] 胡正荣,等.传播学总论[M].2版.北京:清华大学出版社,2008:228.
[4] 丁和根.生产力·传播力·影响力——信息传播国际竞争力的分析框架[J].新闻大学,2010(4):141.

指一国出版的国际传播效果即传播效力。中国出版走出去的传播力同样是其国际竞争能力(即传播能力)和其国际传播效果(即传播效力)的整体反映。

本章试图通过从传播力的基本概念入手,从出版的国际竞争力和出版的国际传播效力两个维度对中国出版走出去的传播力进行探讨,并据此对中国出版走出去存在的问题提出另一个对策——中国出版走出去的传播力构建。

第一节 出版国际竞争力与影响力视角下的出版国际传播力

世界各国政府普遍将出版列入文化产业范畴。前文曾经论及,出版具有商业和文化的双螺旋结构特征。其产业特性决定了出版必须进入市场竞争,出版的国际传播也便意味着出版的国际市场竞争。同时出版又是一种文化行为,出版所承载的内容观念和智慧通过传播实现教育公众、启迪民智的功用。一国出版的国际传播同时意味着其出版内容信息对他国公众的传播并且以最终产生影响为目标的传播过程。中国出版走出去的最终目标是实现中国文化走出去,而要实现这一目标,提高中国出版的国际竞争力以及走出去的传播效果是解决目前问题的另一个主要对策。

一、出版国际传播力的内涵

传播学意义上的传播力实质上指的是实现有效传播的能力。根据上文的分析,传播力应该是传播能力和传播效果相统一的结果,前者是传媒业的硬实力的反映,后者则是传播内容和信息所实现的对受众的影响和效果。由于出版的特殊性,它一方面被各国明确界定为文化产业,具有市场经济下的商业特征,同时文化信息又是出版所要传播的主要对象,出版具有典型的内容特征,这种出版的两位一体特点使得出版的国际传播力拥有了特别的含义。

从纯粹的产业角度看,一国出版的国际传播目的是通过出版物国际贸易、版权授权以及出版企业对外投资等方式进入国外市场并实现销售、获取利润,这几乎是所有产业的共同属性。从文化传播的角度看,一国出版的国际传播则是通过上述各种市场行为手段将出版物所承载的内容信息(包括该国的社会政治经济文化信息)传递到其他国家的公众,从而实现该国文化的对外传播并对其他国家的公众产生影响和吸引并取得认同,从而增强该国的话语权,提升其文化软实力。因此,本研究认为,出版的国际传播力是指一国的出版业经其生产能力和市场行为,通过开拓国际营销渠道,将其出版理念和出版产品及其内容信息有效传递给其他国家市场及公众的能力和因此产生的影响力及效果。

根据这个定义,出版国际传播力应该包含出版国际竞争力和出版的内容信息的国际传播效果。而事实上,目前国际出版的现状也反映了出版国际传播力这两方面的内涵。以英国牛津大学出版社为例,尽管其规模比欧美很多商业出版社小,但该社80%的销售收入都来自英国以外的市场[1],其出版物特别是教材、学术专著等都在全球市场占有一定的份额。此外,跟著名的企鹅书屋等具有国际影响力的出版品牌一样,牛津大学出版社的学术著作品牌已经成为学术质量和可靠性的代名词,OUP(牛津大学出版社的英文缩写)也已经成为国际出版界以及广大读者公认的国际出版品牌。由此人们可以看出其出版物产品和内容以及牛津大学出版社本身的传播能力和效力。而类似的出版企业在国际出版业还有很多,比如一提英国的DK就知道其在美术和图文出版领域的独树一帜,一提企鹅书屋就知道优质平装本图书的出版传统,一提美国兰登书屋就知道其成功的商业出版,提到德国的斯普林格出版公司就会联想到高质量的科技专业出版。这些都是一国及其出版企业所具有的出版的国际传播力的佐证。

二、国际竞争力钻石模型与出版国际竞争力和影响力

全球化时代,作为文化产业的出版跟其他产业一样都已经不可避免地参与全球竞争。一个产业或者产品在国际市场的成功与否则反映出该产业或产品的国际竞争力的强弱。西方学者将国际竞争力划分为产品竞争力、企业竞争力、产业竞争力和国家竞争力4个层面。[2]而一国的出版国际传播力同样可以体现在这4个层面的竞争力上。

根据国际出版产业现状从这4个层面来分析各国出版的国际竞争力,我们不难发现,欧美日等出版大国和强国的出版物在全球范围内的流通量和被他国读者的接受度(从出版物出口贸易数量和总额看)[3]要远远高于其他国家,这些国家的出版物产品竞争力要高于其他国家;欧美等出版大国和强国拥有众多巨无霸型的出版公司和跨国出版集团(如培生集团、贝塔斯曼集团等),中国近年各地组建的出版集团都无法望其项背。根据法国书业杂志 Livres Hebdo 和英国《书商》杂志联合发布的全球50大出版集团2011年度收入排名

---

[1] 大佳网:牛津大学出版社,http://www.dajianet.com/world/2011/0425/154130.shtml,2011年4月25日。

[2] 丁和根.生产力·传播力·影响力——信息传播国际竞争力的分析框架[J].新闻大学,2010(4):138.

[3] 可参考本书第三章有关国际出版现状的相关数据。

报告,位列榜首的培生集团2011年的收入为64.7亿欧元[1],几乎与中国2012年度出版业的图书销售收入相当,其企业竞争实力可见一斑。从整体出版产业状况看,这些国家的竞争力也要大大超过其他国家。以美国为例,按照国际出版商协会的统计数据,2011年美国的国际出版市场市值为215亿欧元,是德国的3倍多,是法国的将近5倍[2],虽然德国和法国也是国际出版强国,但美国出版业占有明显的竞争优势。而从国家竞争力角度看,根据瑞士洛桑国际惯例学院(IMD)公布的2013年全球竞争力排名,美国同样也是排在第一。[3]美国出版的国家竞争力因此也显得毫无悬念。

美国学者迈克尔·波特提出的钻石模型理论是从竞争优势角度来解释一国产业竞争力来源的。人们也可以根据钻石模型来分析国际出版产业的竞争力。

根据钻石模型理论,竞争优势由4个决定性因素和2个可变因素构成。4个决定性因素为:(1) 生产要素条件(包括初级和高级生产要素或者一般和专业生产要素);(2) 需求条件(特别是本国市场需求,是产业发展的动力);(3) 相关及支撑产业状况;(4) 企业战略、结构和对抗表现(同业竞争)。2个可变因素为:(1) 政府;(2) 机会或者机遇。2个可变因素可使得4个决定性因素发生变化。[4]

一国的出版竞争力优势可以反映出一国的出版国际传播力。人们可以用钻石模型理论来简要分析美国的出版竞争力并以此来说明其出版的国际传播力。

美国因其拥有完善的资本主义市场经济条件,其出版首先拥有完备的生产要素,包括庞大的出版业从业人员队伍(图书出版从业人员在10万人左右[5])、发达的信息传播技术等,这是其继承了欧洲数百年出版传统并不断发展的结果。美国拥有巨大的本国出版需求和巨大的国内出版市场,其出版市场市值在全球独占鳌头[6],遥遥领先于其他国家,每年出版10万多种新书以满足国内读者需求。同时,美国国内围绕出版产业的其他辅助或者支撑产业也十分发达,比如其印刷业、文学代理业或版权经纪业、造纸业、运输业等都非常发达,拥有能满足出版发展的完整的产业群。美国出版分为大众出版、教育

---

[1] 全球50大出版集团排名出炉[N]. 中国图书商报,2012-06-27,转引自大佳网,http://www.dajianet.com/world/2012/0627/189469.shtml.

[2] 参见本书第四章国际出版商协会的统计数据。

[3] 李彤. 全球竞争力报告:中国排名第29位居金砖国家之首[N],人民网,2013年9月4日。转引自东方财富网,http://finance.eastmoney.com/news/1351,20130904320287946.html,2013年9月4日.

[4] 迈克尔·波特. 国家竞争优势[M]. 北京:华夏出版社,2002:67-69.

[5] 孙有中,等. 美国文化产业[M]. 北京:外语教学与研究出版社,2007:55.

[6] 见上文国际出版商协会统计数据。

出版和专业出版等几大类别,出版企业定位明确,结构合理,出版业竞争虽然激烈,但不存在无序或者垄断性竞争。除此之外,美国政府通过完善的法律法规以及相关支持政策对出版进行监管和扶持。比如美国可能是世界上颁布最多和拥有最完备的与出版业关联的版权法、数字版权法等的国家。美国对出口图书免征增值税和营业税,对出版物邮寄费用实行优惠政策,书刊邮寄费比其他邮品优惠30%。[1]这些无疑对提高美国出版的国际竞争力产生了巨大作用。此外,美国出版业因其发达的市场经济经营管理模式,对出版机遇非常敏感。比如随着互联网的普及,美国出版中数字出版业务发展迅猛,而像亚马逊等网上书店更是成为国际出版数字出版商业模式的典范之一。[2]从上述分析可以看出美国出版的国际竞争和影响力的根源所在,这同时也是美国出版在全球拥有强大传播力的原因。

通过对一国出版国际竞争力和影响力的分析,本研究归纳出影响其出版国际传播力的因素,即出版基本生产要素,包括从业人员素质、产业技术、内容资源、专业能力和营销渠道等;出版的国际国内需求要素,包括国内公众的阅读需求和国际公众对该国内容信息的需求等;出版支撑产业要素,如与出版相关联的造纸、印刷、互联网产业等的关联影响;出版企业的发展战略、竞争机制要素,包括其出版战略、营销战略和策略、竞争能力等。此外政府对出版的政策扶持、立法因素以及出版业利用各类发展机会拓展的能力等也是影响一国出版国际传播力的因素。

第二节　中国出版的国际竞争力与中国出版的传播力

随着中国出版整体实力的提升,从出版品种数量上讲中国已经是名副其实的出版大国,但与众多国际出版强国如美国、日本等相比,中国出版的国际竞争力与传播力还存在着相当大的差距。当然,由于中国政府的重视以及中国文化走出去和中国出版走出去战略的实施,中国出版的国际竞争力在过去十多年里有了一定的提高,中国出版以及出版物的国际传播范围不断扩大,影响力也越来越强,有力地推进了中国出版走出去以及中国文化的国际传播。

一、中国出版国际竞争力状况

经过中国"十一五"和"十二五"以来这些年的努力,中国出版走出去取得

---

[1] 孙有中,等.美国文化产业[M].北京:外语教学与研究出版社,2007:55.
[2] 张宏.媒介融合与数字出版——关于数字出版内在基本模式及路径寻找的另一个视角[J].出版广角,2012(1):70.

了明显的成效。除了本书第五章论及的中国出版走出去所取得的成效外,官方对中国新闻出版走出去还从国际竞争力与影响力角度进行了总结和归纳,得出8个方面的结论。这8个方面分别是:(1)中国出版的版权贸易逆差不断缩小,版权输出数量和范围逐步扩大;(2)出版国际贸易中的出版实物出口稳步增长,部分产品在海外已经创出品牌;(3)数字出版产品出口势头强劲,境外收益不断提高;(4)印刷加工外贸产值逐年增加,顺差优势明显;(5)国际投资成果丰硕,在外企业竞争力逐步形成;(6)走出去渠道不断拓展,传播力不断增强;(7)国际书展参展水平和质量不断提高,中国主宾国活动成为亮点;(8)走出去人才队伍日渐壮大,素质逐步提高。[1]

很显然,即便中国出版走出去在过去十多年里取得了明显的成就,但就中国出版在国际上的整体地位以及中国出版的国际竞争力、影响力来讲还依然较弱,跟发达国家相比还存在明显差距。

二、中国出版走出去的传播力问题

从全球出版业发展现状分析钻石模型理论以及不少学者的研究,不难发现,与国际出版强国相比,中国出版走出去的传播力还存在诸多问题,突出表现在这样一些方面和领域。

第一,中国出版在国际市场占有的份额不高,其总产值和增加值在国内生产总值和市场份额中所占比重也不大,即中国(新闻)出版业的整体经济实力不强。[2]美国、英国、法国、德国等出版强国在国际市场一直保有很高的份额,其出版社产业在各自国内生产总值中所占比重也比较高。目前,美国的文化产业总产值在GDP中的比重业已超过25%,欧洲和日本平均在10%到20%之间。中国的新闻出版产业发展则尚处在初级阶段,还在向2020年在当年全国GDP中占到5%左右的目标努力。[3]中国出版国际市场占有率不高实质上是中国出版走出去传播力不强的表现。

第二,中国出版产业总体规模比较小,按照国际出版商协会统计的出版净收入数据看,仅是美国的四分之一。[4]从产业结构看,中国出版产业的集中度很低,且产业结构同质化十分严重,企业规模小,企业发展战略偏重内向发展,而缺乏外向型机制,在国际市场上缺乏竞争力。在行政力量推动下中国出版业陆续成立了40多家出版集团和10多家发行集团,但由于未能实现资源的

---

[1] 柳斌杰.大力提升我国新闻出版业的国际竞争力[J].中国出版,2012(1):6-7.
[2] 郭振兰.国际竞争力与新闻出版强国[J],中国出版,2010(8下):7.
[3] 朱伟峰.建国际一流传媒集团迫在眉睫[N],中国新闻出版报,2009-10-28.
[4] 见国际出版商协会(IPA),Drawing the Global Map of Publishing Markets 2012,http://www.internationalpublishers.org/index.php/-industry-policy/statistics,2013年1月21日访问。

优化配置,行政壁垒和地域市场的壁垒尚未真正打破,跨地区、跨行业、跨媒体经营还存在诸多限制。[1]中国出版产业盈利能力也较弱,中国出版业赢利水平竞争力与影响力指数仅为美国的一半,生产要素指数跟美国相差达0.656个点。[2]这些都影响了中国出版的国际竞争能力和传播能力。

第三,中国出版的科技竞争力较弱,同样也影响了中国出版的国际竞争力的提高。中国出版在数字化转型过程中遭遇了数字出版的技术壁垒、商业模式、版权保护、行业标准等问题,转型进程缓慢,应用新技术的能力较弱,影响了国际竞争力。[3]

第四,中国出版的国际传播营销渠道欠缺,特别是主流营销渠道的拓展不足,影响了中国出版物在国际市场的流通以及到达国际公众的效度。传统的中国出版国际营销渠道走的是专业出版进出口公司的路径,而这些进出口公司基本是计划经济体制下的产物,缺乏开拓国际出版物营销渠道的创新能力。而中国企业在海外投资设立书店等还只是一些零星的布局,尚未形成营销发行渠道链。此外,中国出版业更加欠缺类似于美国亚马逊网上书店那样集图书销售、出版物推介、电子书销售、数字出版等为一体的综合性网络营销平台。当当网的市场开拓关注点主要在国内,尚未产生国际性影响。出版的国际发行营销渠道的缺失是影响中国出版走出去传播效果的直接因素之一。

第五,中国出版业的创新能力不强,能够产生一定或者较大国际影响的图书数量较少。内容创新不足以及缺乏吸引力,这一方面影响版权输出的成效,另一方面也对已经在国外翻译出版的作品的传播效果产生很大影响。翻译因素和作品风格因素也会对出版的传播产生影响。比如,2012年莫言获得诺贝尔文学奖,2013年阎连科获得布克国际文学奖的提名,这两个奖项都具有很大影响力,但他们的作品的接受面并不很广。据不完全统计,莫言、余华等人的作品中被翻译介绍出去的语种有13种左右,而通俗作家卫慧仅小说《上海宝贝》一书被翻译介绍的语种就超过了20个。[4]

第六,中国出版走出去的外向型人力资源管理和人才队伍素质存在缺陷,对中国出版国际话语权、国际竞争力和中国出版国际影响力的提升都产生了很大影响。有学者认为,影响中国出版走出去的人才队伍上的缺陷表现在这样一些方面:人才队伍结构不够合理;缺少具有国际视野、懂国际市场竞争规则、熟悉国外企业经营方式的专门人才;缺少精通出版专业知识又熟练掌握现

---

[1] 严云锦.六因素考量中国书业国际竞争力[N].中国图书商报,2007-11-27.
[2] 黄先蓉,邓文博,田常清.新闻出版业国际竞争力与影响力的模型化测量[J].现代出版,2013(4):15.
[3] 郭振兰.国际竞争力与新闻出版强国[J].中国出版,2010(8下):8.
[4] 李兮言."一本书"怪圈:卫慧超莫言[N].时代周报,2013-11-14.

代科技知识和技能的复合型人才;缺少高素质、高水平的翻译人才尤其是汉译外人才;缺少既熟悉国内外出版又熟练掌握一门或几门外语的高水平版权代理人才。[1]

第三节 中国出版走出去的传播力构建

中国出版走出去的传播力构建要解决的问题主要有两方面:一是中国出版走出去的传播能力问题,主要就是其国际竞争力问题;二是中国出版走出去的影响力与传播效果问题,也就是传播效力问题。针对上文所分析的中国出版走出去的传播力状况所存在的问题,本研究同样结合国际竞争力的钻石模型理论提出有关中国出版走出去传播力构建的建议与设想,同中国出版走出去话语权的构建一起构成解决中国出版走出去存在问题的两个对策,以进一步拓展中国出版走出去的能力和有效性。

一、中国出版走出去传播能力的构建

针对中国出版走出去提高国际竞争力和传播能力的问题,本研究提出这样一些传播力的构建设想。

第一,提升中国出版生产要素的竞争能力,完善出版市场环境。中国出版业在改革开放之前一直是计划经济的产物,直到21世纪第一个十年的中叶才开始实行转企改制,开始向现代企业制度和市场经济中的文化产业转变,但政府对中国出版的意识形态要求依然存在。在这样的前提下,要提升中国出版走出去的国际竞争能力和传播能力,首先要解决的便是提高中国出版生产要素的竞争能力,包括提高从业人员整体素质、解决中国出版业整体抗风险能力、改进出版物流流通基础、建立完善的出版市场环境包括运作机制和行业竞争环境等,即以出版生产要素竞争力的提高来提升中国出版国际竞争力和传播力。

第二,推进中国出版企业结构性转变,确定其明晰的出版发展战略规划。从目前中国出版企业的整体结构布局来看,中国出版业还存在着一种过于平衡的类别性地域结构分布问题[2],出版结构不科学,出版企业分工定位缺乏市场特性,同质化现象严重。这个现状大大削弱了中国出版的国内生存能力和国际竞争能力。从增强国际竞争力和传播能力的角度出发,中国出版企业

---

[1] 郭振兰.国际竞争力与新闻出版强国[J].中国出版,2010(8下):8.

[2] 有关论述见张宏.平衡或者重新洗牌——对我国图书出版单位类别性地域结构分布的分析[J].出版广角,2008(5):36.

必须明确自身的市场定位和发展战略,避免低层次重复出版和同质化对冲性竞争。

第三,打造中国出版业大船,或者通过完全市场行为让中国出版借船出海,拓宽资本来源渠道,逐步提高中国出版走出去的传播能力。中国出版业目前已有40余家出版集团,这是在中国政府历年来打造出版航空母舰提高中国出版国际竞争力的战略指导下的成果。即便如此,中国出版业除了中国教育出版传媒集团有限公司在2011年全球50大出版集团排名中列第37位外,其余出版集团或单体出版社都还远不能成为出版巨头并在跟国际同行的竞争中取得优势。故出版界有人提出中国出版走出去要"更多地研究借船出海、资本联合、项目合作的方式","逐步打开国际市场,形成文化传播力和影响力"[1]。

第四,加强新媒体、数字技术等高科技在中国出版中的应用,支撑中国出版业的新一轮发展,增强中国出版走出去的国际竞争力和传播能力。科技含量低是我国新闻出版业竞争力不强的一个重要原因。[2]传统纸质出版目前依然是中国出版的主要形态。但随着网络技术数字技术的发展,数字新媒体出版已经成为未来全球出版发展的趋势。在美国等出版强国已经出现绕过传统出版社全部通过网络出版和销售的纯数字出版热潮(如亚马逊网站推出的自出版服务等)。这种出版和阅读形态的变化完全是出版技术手段发展和创新的结果。中国出版的数字化程度还不高,高科技在出版业的应用较为薄弱,因此推进中国出版技术发展、顺应未来出版发展趋势是促进中国出版业新一轮发展并提高其走出去传播能力的一条新的途径。

当然,除了上述对中国出版走出去传播能力构建的设想外,中国政府继续从政策、法律和机制、资金等方面扶持中国出版业走出去,以及中国出版企业抓住全新的机遇包括出版转型和数字出版发展,主动积极地提高自身的国际竞争力,也是提升中国出版走出去传播力的重要路径。

二、中国出版走出去传播效力的构建

针对中国出版走出去提高影响力、扩大传播效果和传播效力的问题,本研究提出以下传播力构建设想。

第一,提高中国出版创新能力,从内容创新到出版传播形态创新方面提高中国出版走出去的影响力和传播效果。要提高中国出版走出去的效果,首先需要培育具有国际竞争力的出版市场品牌产品,而要创立品牌产品便需要出

---

[1] 朱侠.中国出版走出去有底气——访中国出版集团公司总裁谭跃[N].中国新闻出版报,2012-04-19.

[2] 郭振兰.国际竞争力与新闻出版强国[J].中国出版,2010(8下):9.

版内容创新,以达到吸引国外读者、实现内容传播的目的。除了内容创新,在新媒体和网络环境下,内容的传播形态也要相应创新,应从内容和传播形态两个方面的统一来提升中国出版物的吸引力和影响力,并进而实现传播效果。除此之外,充分利用和挖掘中国国内以及国际出版资源,用国际语言或者用他国的作者资源来讲述中国故事,让中国内容更易为他国公众接受,从而达到中国出版走出去和中国文化走出去的传播效果。

第二,开拓国际出版市场中国出版物发行营销渠道,扩大出版物的传播范围,以此实现中国出版走出去的传播效果。传播渠道"是用来衡量信息传播国际竞争力的一个特殊指标"[1]。而"信息传播国际竞争的形式主要有两种:一种是在国际市场上买卖版权,另一种是卖方直接向买方提供产品和服务","后者在大多数情况下要靠自己建立的渠道实现传播"[2]。中国出版走出去同样需要构建传播渠道(即出版物发行营销渠道)。没有传播渠道,再好的中国出版物也无法形成实际的传播效果。中国政府主导的中国出版物国际营销渠道拓展工程从2010年起进入了实质性实施阶段,已经启动了国际主流营销渠道合作计划(如与法国拉加代尔集团的国际销售服务合作),全球百家华文书店中国图书联展已经在2011年实施,跨国网络书店培育计划也已启动。[3] 其中,如果跨国网络书店能够建设成功,对互联网时代扩大中国图书的传播范围、提高中国出版走出去的传播效果将起到积极的作用。

第三,建设专业性、全方位、高效率的中国出版物版权贸易网络平台,汇集资源,提高版权输出的数量和质量。版权贸易是实现中国出版物走出去传播效果的另一条有效途径。利用网络的开放性、网络搜索的便捷性和网络数据库的积聚性,建设一个为中国出版业服务的公益性或者商业性出版物版权贸易服务网络平台,将适合版权输出的中国出版物通过专业化、符合国际版权贸易运作惯例的方式介绍给国际出版界,可以做到资源积聚,有效增加中国出版版权输出的数量,提高版权输出的质量。这是开拓中国出版走出去传播效力的另一个渠道。

第四,建立中国出版走出去传播效力评价指标体系和模型,科学评估中国出版走出去的影响力。中国国内有不少学者已经开展了有关中国新闻出版业国际竞争力与影响力的评估和测量方面的研究并取得了一定的成果。比如黄先蓉等围绕钻石模型构建了新闻出版业国际竞争力与影响力评价指标体系并在此基础

---

[1] 丁和根.生产力·传播力·影响力——信息传播国际竞争的分析框架[J].新闻大学,2010(4):141.

[2] 丁和根.生产力·传播力·影响力——信息传播国际竞争的分析框架[J].新闻大学,2010(4):141.

[3] 中国出版物国际营销渠道拓展工程两项目开始实施[N],中国政府网,http://www.gov.cn/gzdt/2010-12/10/content_1763440.htm,2010年12月10日。

上展开评价模型的构建。[1]这是一个通过采集中国出版和国际出版强国的相关数据,按照设定的评价指标,通过测量横向反映中国新闻出版业国际竞争力与影响力的尝试。而要完整评价中国出版走出去的传播效力,本研究认为还需要建立一个纵向的评价指标。这个评价指标体系应包含营销渠道指标、出版物海外有效销售数据、版权贸易数量和收益额指标、国际主流媒体对中国出版物的宣传评价(比如书评)指标、数字出版国际用户的评论反馈指标等,通过定量和定性分析的方式建立评价模型。尽管上述评价指标的很多数据采集具有相当的难度,但本研究认为通过横向比较竞争力和影响力以及纵向数据评价指标的建立,才能完整而较为科学地对中国出版走出去的传播效力做出评价。

第五,建立科学有效的走出去人才队伍培养和管理机制,将人才目标作为实现中国出版走出去传播效力的终极目标。无论是中国出版走出去的话语权建设还是传播力构建,提高中国出版国际竞争力和影响力都需要有一支能够参与国际竞争的高素质出版人才。中国出版走出去需要一批具有国际视野、懂国际出版经营之道、熟悉出版业务、能够用外语开展国际出版活动的出版人(包括数字出版人和内容策划人),与此同时还需要一批精通国际版权贸易操作实务的版权经纪人、能够将中国出版内容高质量向国际译介的高端翻译人才等。中国出版走出去的传播效力最根本的内在动力源是人才。

第四节 本章小结

本章从传播力的基本概念入手,提出了出版国际传播力的基本内涵,利用反映国家竞争力和影响力的钻石模型理论,分析了国际出版业传播力的状况,并从出版的国际竞争力和出版的国际传播效力两个维度对中国出版走出去的传播力进行了探讨,进而针对这两个方面的问题提出了构建中国出版走出去传播力的建议和设想,从而针对中国出版走出去存在的问题提出了出版国际话语权之外的另一个对策——中国出版走出去的传播力构建。中国出版走出去的终极目标是将中国出版所承载和反映的中国文化内容传播到国际公众并影响他们。提高中国出版的国际竞争力和构建中国出版的国际传播力正是实现这一目标的另一个主要对策。

---

[1] 黄先蓉,邓文博,田常清.新闻出版业国际竞争力与影响力的模型化测量[J].现代出版,2013(4):11.

第八章 结　语

全球化时代的出版及其国际传播具有迥异于一般传媒的传播特点。由于出版是商业和文化的统一体，因此出版业属于文化产业。借用国际关系中的实力概念，出版的商业经济部分可被视为出版的硬实力，而出版的文化内容部分则可被视为出版的软实力。因此，一国出版的国际传播是指该国的社会、政治、经济、文化等方面的信息内容通过出版活动向其他国家公众进行传播。一国出版的国际传播能力反映出该国的硬实力和软实力，是其国家竞争力和影响力的体现之一。

中国出版走出去是中国文化走出去的重要组成，是中国政府在过去十多年里实施的国家战略的一部分。随着中国硬实力特别是经济实力的不断增强，中国的软实力地位和不断提高的国际大国地位越来越不相称。实施中国文化走出去和中国出版走出去战略便是中国提升国家软实力的有效途径。

本书通过对全球视野下国际出版和中国出版现状的比较和分析，根据国际出版传播的基本模式和路径及中国出版走出去的基本模式和路径，针对中国出版走出去所存在的问题，从中国出版走出去的话语权构建和中国出版走出去的传播力构建两个方面提出了建议和对策。

一、有关中国出版走出去的话语权和传播力构建研究的结论

根据本书的分析研究，关于中国出版走出去的话语权和传播力构建研究我们得出了下面这样一些结论。

第一，在当今全球化的环境里，作为跨文化传播的途径之一，出版的国际传播主要呈现出由传统出版大国向其他区域传播、由出版强国向其他区域（包括其他出版强国）传播以及新兴出版大国向其他区域传播这样三种格局。其中，欧美等出版强国在全球范围的出版国际传播中占有主要优势，这一方面反映出这些出版强国的出版硬实力，另一方面也反映出其文化软实力和出版的传播力。

第二，从全球范围看，国际出版强国依然主要集中在欧美诸多国家和亚洲的日本等国。这些国家无论从出版物数量、出版物国际贸易总额、出版物版权贸易总量、出版企业全球化经营还是出版物内容在全球范围的传播能力和效力看，都处于明显的优势地位。中国在出版数量上已经成为全球最大的国家，但从其出版业的整体实力来讲还不是一个出版强国。中国出版走出去因而任重而道远。

第三，中国出版走出去承担着中国文化走出去的重要任务。在历史上，中国出版对外传播主要体现在中国典籍等的对外译介上。但进入近代以来，中国出版一直存在着"入超"问题，包括出版物国际贸易的入超和出版物版权贸易引进输出的入超。尽管改革开放以来尤其是"十一五"以来中国出版走出去取得了巨大的成就，但依然存在着诸多问题，特别是在战略和实践操作层面（宏观和微观两个层面）存在着认识不足、竞争力和影响力不强等具体问题，反映在中国出版走出去的具体实践中就是出版国际贸易总额、版权贸易总额和质量、出版海外投资经营以及互联网时代产业链延伸等都弱于国际出版大国和强国。

第四，针对如何解决中国出版走出去存在的上述问题，本书提出了中国出版走出去的话语权构建和中国出版走出去的传播力构建两个对策。构建中国出版走出去的话语权，其本质就是要提高并确立中国出版走出去的软实力地位。中国出版走出去的国际话语权的提升从而成为中国出版走出去乃至中国文化走出去的目标（即提升中国软实力）的体现。而中国出版走出去的传播力则是中国出版国际竞争力和影响力的反映，构建中国出版走出去的传播力是从中国出版的竞争能力和传播能力以及中国出版的出版物内容传播效果和影响力两个维度解决中国出版走出去存在的问题。

二、有关中国出版走出去的话语权和传播力构建研究有待进一步探讨的问题

本书对全球视野下中国出版走出去的话语权构建和传播力构建的讨论主要是从宏观战略和微观操作层面进行的，在构建中国出版走出去的话语权和传播力的理论体系和架构研究上我们感到还有诸多不足，需要在今后的研究中做进一步的探讨和思考。此外，与中国出版走出去的话语权和传播力构建密切相关的对出版的国际传播的内涵特征的分析，我们认为也有待进一步加深和完善。

此外，本书对中国出版走出去以及国际出版的讨论主要是以传统纸质出版的国际传播为对象，几乎没有涉及互联网时代数字出版的国际传播，在国际出版业态发生巨大变化、数字出版方兴未艾的现实下讨论中国出版走出去和

国际出版传播这两大话题来说是一个明显的不足,值得继续深入研究。

另外,对中国出版走出去与中国文化走出去在中国软实力建设中的地位以及在国际关系中它们在中国的对外沟通中的作用缺乏讨论,跟国家形象、公共外交等的关系未曾涉及,也未能将中国出版走出去从文化外交的视角进行讨论,这些都是今后涉及中国出版走出去的话语权和传播力构建研究中有待进一步拓展的方向。

参考文献

专著图书部分

1. *Oxford English Dictionary*, online edition, 2010.
2. Roland Robertson, Globalization. Social theory and global culture. New York: Sage Publications, 1992.
3. 美国国家情报委员会. 大趋势——2020年的世界[M]. 上海：华东师范大学出版社, 2007.
4. 关世杰. 世界文化的东亚视角——中国—哈佛燕京学社2003北京年会暨国际学术研究会论文集[C]. 北京：北京大学出版社, 2004.
5. 李智. 全球传播学引论[M]. 北京：新华出版社, 2010.
6. 塞缪尔·亨廷顿. 文明的冲突与世界秩序的重建[M]. 北京：新华出版社, 2002.
7. 胡惠林. 文化产业发展与国家文化安全[M]. 广州：广东人民出版社, 2005.
8. 陶国相. 科学发展观与新时期文化建设[M]. 北京：人民出版社, 2008.
9. 陈正良. 中国"软实力"发展战略研究[M]. 北京：人民出版社, 2008.
10. 向勇. 北大文化产业前沿报告[M]. 北京：群言出版社, 2004.
11. 潘文年. 中国出版业"走出去"研究[D]. 南京大学, 2011.
12. 托马斯·弗里德曼. 世界是平的[M]. 何帆, 肖莹莹, 郝正非, 译. 长沙：湖南科学技术出版社, 2008.
13. 戴维·赫尔德. 全球大变革[M]. 杨雪冬, 等, 译. 北京：社会科学文献出版社, 2001.
14. 刘海龙. 大众传播理论：范式与流派[M]. 北京：中国人民大学出版社, 2008.

15. 拉里·A.萨默瓦,理查德·E.波特.跨文化传播[M].4版.北京:中国人民大学出版社,2004.

16. 戴晓东.跨文化交际理论[M].上海:上海外语教育出版社,2011.

17. 戴元光,金冠军.传播学通论[M].2版.上海:上海交通大学出版社,2007.

18. 胡正荣,段鹏,张磊.传播学总论.[M].2版.北京:清华大学出版社,2008.

19. 李岩.传播与文化[M].杭州:浙江大学出版社,2009.

20. 菲利普·萨拉森.福柯[M].李红艳,译.北京:中国人民大学出版社,2010.

21. 张国祚.中国文化软实力研究报告(2010).北京:社会科学文献出版社,2011.

22. 刘建明.当代新闻学原理[M].北京:清华大学出版社,2003.

23. 刘建明,等.新闻学概论[M].北京:中国传媒大学出版社,2007.

24. 郭明全.传播力——企业传媒攻略[M].南京:南京大学出版社,2006.

25. Manuel Castells. Communication power[M]. Oxford:Oxford University Press,2009.

26. 杨贵山,种晓明.海外出版业概述[M].苏州:苏州大学出版社,2007.

27. 王雪.我国企业国际市场进入模式选择研究[D].山东大学,2007.

28. 毕佳,龙志超.英国文化产业[M].北京:外语教学与研究出版社,2007.

29. 阿尔伯特·N.格莱克,等.21世纪出版业的文化与贸易[M].丁以绣,林成琳,译.北京:中国人民大学出版社,2010.

30. 孙有中.美国文化产业[M].北京:外语教学与研究出版社,2007.

31. 肖东发,于文.中外出版史[M].北京:中国人民大学出版社,2010.

32. 方豪.中西交通史(上)[M].上海:上海人民出版社,2008.

33. 王家骅.儒家思想与日本书化[M].杭州:浙江人民出版社,1990.

34. 何芳川.中外文化交流史(上卷)[M].北京:国际文化出版公司,2008.

35. 施忠连.儒风华语润异域[M].济南:山东教育出版社,2011.

36. 卫浩世.法兰克福书展600年风华[M].欧阳斐斐,等,译.北京:中国人民大学出版社,2007.

37. 徐建华.版权贸易新论[M].苏州:苏州大学出版社,2005.

38. 陈燕.中国图书"走出去"成功案例选[C].北京:外文出版社,2010.

39. 大卫·赫斯蒙德夫.文化产业[M].张菲娜,译.北京:中国人民大学出版社,2007.

40. 罗伯特·J. 阿特,罗伯特·杰维斯. 国际政治——常在概念和当代问题[M].7 版. 时殷弘,吴宇征,译. 北京:中国人民大学出版社,2007.

41. Williams,Raymond. Culture[M]. London:Fontana,1981.

42. Larry A. Samovar, Richard E. Porter, Edwin R. McDaniel. Communication between cultures[M].6th. New York:Cengage Learning,2007.

43. 韩勃,江庆勇. 软实力:中国视角[M]. 北京:人民出版社,2009.

44. 方世忠. 书的世界与世界的书——世界著名书展:国际对标和中国案例[M]. 上海:上海译文出版社,2013.

45. 张国庆. 话语权:美国为什么总是赢得主动[M]. 南京:江苏人民出版社,2011.

46. 迈克尔·波特. 国家竞争优势[M]. 北京:华夏出版社,2002.

期刊和报纸部分

1. 杨利英. 近年来中国文化"走出去"战略研究综述[J]. 探索,2009.
2. 徐庆峰,吴国蔚. 我国文化产业"走出去"策略探讨[J],对外经贸实务,2005.
3. 黄海. 试论中国文化产业"走出去"战略[J]. 新闻天地(论文版),2008.
4. 齐勇锋,蒋多. 中国文化走出去战略的内涵和模式探讨[J]. 东岳论丛,2010.
5. 秦艳华. 全球发展趋势与我国出版走出去战略思维创新[J]. 中国出版,2013.
6. 范军. 我国新闻出版"走出去"的理论与实践(上)、(下)[J]. 出版发行研究,2011.
7. 潘文年. 中国出版业走出去:跨国经营的文化风险分析[J]. 国际新闻界,2010.
8. 罗家如. 从版权贸易看中国出版"走出去"[J]. 中国编辑,2005.
9. 郭奇. 全球化时代版权贸易的文化传播使命[J]. 中国出版,2009.
10. 张宏. 为我国图书版权贸易把脉[J]. 编辑学刊,2009.
11. 刘玉军. 试论全球经济一体化背景下中国图书走出去[J]. 北京印刷学院学报,2008.
12. 李松. 中国出版"走出去"的八个误区[J]. 出版发行研究,2011.
13. 杨庆国. 出版强国软实力评价指标体系构建及其评价[J]. 中国出版,2010.

14. 柳斌杰. 大力提升我国新闻出版业的国际竞争力[J]. 中国出版,2012.
15. 黄先蓉,邓文博,田常清. 新闻出版业国际竞争力与影响力的模型化测量[J]. 现代出版,2013.
16. 杨庆国,杨梦雨. 我国出版产业国际市场进入模式选择研究[J]. 中国出版,2012.
17. 张春华. 传播力:一个概念的界定与解析[J]. 求索,2011.
18. Graham Williamson. Communication capacity,http://www.speech-therapy-information-and-resources.com/,2011年4月4日.
19. 孟锦. 舆论战与媒介传播力关系探微[J]. 军事记者,2004.
20. 张春华. 传播力:一个概念的界定与解析[J]. 求索,2011.
21. 肖东发,等. 借鉴国外出版创新经验,提升我国文化软实力(一)[J]. 出版广角,2012.
22. 甄西. 法国出版2012年盘点[J]. 出版参考,2013.
23. 崔斌箴. 法国政府对图书出口很"给力"[J]. 出版参考,2011.
24. 崔斌箴. 德国出版"走出去"正在重铸辉煌[J]. 出版参考,2012.
25. 雾谷飞鸿. 美国出版业的无为而治[N],21世纪网,http://www.21cbh.com/HTML/2010-8-26/wMMDAwMDE5NDQwMw.html,2010年8月26日.
26. 香江波. 美国版权产业经济贡献的最新研究[J]. 出版参考2013.
27. 盛力. 关于日本出版业的现状考察及启示[J]. 中国出版,2012.
28. 崔箴斌. 印度出版业带来的精彩和启发[J]. 出版参考,2010.
29. 杨状振. 韩国出版发行业运营现状扫描[J]. 对外传播,2010.
30. 崔斌箴. 德国出版"走出去"正在重铸辉煌[J]. 出版参考,2012.
31. 张宏. 关于出版强国的评判,这不只是一个问题[J]. 出版广角,2008.
32. 魏明革. 美国图书出版业繁荣的三大成因[J]. 出版发行研究,2013.
33. 甄西. 日本出版业出口概况[J]. 出版参考,2011.
34. 洛佳. 美国版权产业竞争力强 超过其他传统出口产业[N]. 经济日报,2012-06-26,引自中国经济网,http://www.ce.cn/culture/gd/201206/26/t20120626_23436123.shtml.
35. 柳斌杰. 大力提升我国新闻出版业的国际竞争力[J]. 中国出版,2012.
36. 杨庆国. 出版强国软实力评价指标体系构建及其评价方法[J]. 中国出版,2010.
37. 张宏. 平衡或者重新洗牌——对我国图书出版单位类别性地域结构分

布的分析[J].出版广角,2008.

38. 邱金英.中国文化软实力现状分析[J].文化学刊,2010.

39. 李明滨.中国文化在俄罗斯传播三百年(上篇)、(中篇)、(下篇)[J].中国文化研究,1996(3),1996(4),1997(1).

40. 徐凯.讲述好中国故事,传播好中国声音——我国新闻出版"走出去"成果综述[N],新华社北京2013年11月1日电,见新华网,http://news.xinhuanet.com/newmedia/2013-11/02/c_132852821.htm,2013年11月2日。

41. 张丽.2010年中国出版"走出去"战略研究述评[J].科技与出版,2011.

42. 吴文婷.美国商务部:中国仍是美国最大图书进口国[N],中国新闻出版网,转引自搜狐读书,http://book.sohu.com/20100926/n275265492.shtml,2010年9月26日。

43. 郭奇.全球化时代版权贸易的文化传播使命[J].中国出版,2009.

44. 王玉梅.2014新闻出版走出去:迎重要机遇年[N].中国新闻出版报,2014-02-10,参见中国出版网,http://www.chuban.cc/cm/zx/zh/201402/t20140210_152605.html。

45. 中国文化走出去:最好的策略是收购海外出版社[N],来源:人民网,2010年1月18日,转自温州网:http://news.66wz.com/system/2010/01/18/101636875.shtml。

46. 张宏.有效开展图书版权贸易的八项常规工作[J].大学出版,2004(2):45-48.

47. 冯文礼.柳斌杰畅谈新闻出版业"走出去"成果——大步"走出去"扎实"走进去"[N].中国新闻出版报,2011-12-22,转引自 http://www.gapp.gov.cn/cms/html/21/1120/201112/730290.html,2011年12月22日。

48. 金元浦,崔春虎.10年中国版权走出去(2003—2012)[N].中国出版传媒商报,2014-03-12.

49. 提文静.中国出版"走出去"的问题与对策[J].科技与出版,2011.

50. 陆谷孙.中国文化如何走出去?[N].南方都市报,2010-02-07.

51. 谢天振.中国文化走出去不是简单的翻译问题[N].社会科学报,2013-12-20.

52. 张国祚.关于"话语权"的几点思考[J].求是,2009.

53. 郭继文.从话语权视角谈和谐世界[J].前沿,2009.

54. 张志洲.话语质量:提升国际话语权的关键[J].红旗文稿,2010.

55. 杨朝钊,梁一戈.论我国国际话语权的建构[J].新闻世界,2013.

56. 刘洪顺.关于国家文化软实力的几点思考[J].理论学刊,2008.

57. 吴桂韩. 中共十七大以来国家文化软实力研究述评[J]. 中共党史研究,2012.

58. 万季飞. 大力实施文化"走出去"战略[N],中国共产党新闻网,http://dangjian.people.com.cn/GB/16790598.html,2012年1月4日。

59. 中国文化产品只占贸易额1%情况探讨[N],中国行业研究网,http://www.chinairn.com/news/20121225/535274.html,2012年12月25日。

60. 日本计划大幅提高文化产品出口额[N],中国新闻网,http://www.chinanews.com/cj/2010/12-23/2741944.shtml,2010年12月23日。

61. 韩国预计2017年文化产业出口额将破百亿美元[N],中国文化报,转引自圣才学习网,http://xwcb.100xuexi.com/view/otdetail/20131014/96f6fa08-4f30-4163-ab38-345fcd8dd05d.html,2013年10月14日。

62. 张希坤. 美国文化服务贸易发展及对中国的启示研究[J]. 对外经贸,2013

63. 王雅坤,耿兆辉. 中国文化走出去的影响因素及路径选择[J]. 河北学刊,2013.

64. 杨朝钊,梁一戈. 论我国国际话语权的建构[J]. 新闻世界,2013.

65. 张殿军. 硬实力、软实力与中国话语权的构建[J]. 中共福建省委党校学报,2011.

66. 张殿军. 中美文化软实力比较研究[J]. 重庆交通大学学报(社科版),2010.

67. 张宏. 美国大学出版社的历史、定位和宗旨[J]. 大学出版,2005.

68. 张宏. 文学经纪:从克林顿自传说起[J]. 出版广角,2004.

69. 张宏. 从转型走向破局——关于数字出版与纸质出版的博弈[J]. 编辑学刊,2011.

70. 李英珍. 我国图书版权输出现状浅析[J]. 出版广角,2013.

71. 丁和根. 生产力·传播力·影响力——信息传播国际竞争力的分析框架[J]. 新闻大学,2010.

72. 全球50大出版集团排名出炉[N]. 中国图书商报,2012-06-27,转引自大佳网,http://www.dajianet.com/world/2012/0627/189469.shtml。

73. 李彤. 全球竞争力报告:中国排名第29位居金砖国家之首[N],人民网,2013年9月4日。转引自东方财富网,http://finance.eastmoney.com/news/1351,20130904320287946.html,2013年9月4日.

74. 郭振兰. 国际竞争力与新闻出版强国[J]. 中国出版,2010(8下):7.

75. 朱伟峰. 建国际一流传媒集团迫在眉睫[N]. 中国新闻出版报,2009-10-28.

76. 严云锦.六因素考量中国书业国际竞争力[N].中国图书商报,2007-11-27.

77. 黄先蓉,邓文博,田常清.新闻出版业国际竞争力与影响力的模型化测量[J].现代出版,2013(4).

78. 李夯言."一本书"怪圈:卫慧超莫言[N].时代周报,2013-11-14.

79. 朱侠.中国出版走出去有底气——访中国出版集团公司总裁谭跃[N].中国新闻出版报,2012-04-19.

80. 中国出版物国际营销渠道拓展工程两项目开始实施[N],中国政府网,http://www.gov.cn/gzdt/2010-12/10/content_1763440.htm,2010年12月10日。

政府文件报告部分

1.《中共中央关于制定国民经济和社会发展第十个五年计划的建议》,转引自中华人民共和国水利部网站,http://www.mwr.gov.cn/ztbd/qida/jianyi1.htm,2013年1月10日访问。

2.《江泽民在中国共产党第十六次全国代表大会上的报告》,http://www.gov.cn/test/2008-08/01/content_1061490.htm。

3.《中共中央关于加强党的执政能力建设的决定》,http://www.gov.cn/test/2008-08/20/content_1075279.htm。

4.《中共中央关于构建社会主义和谐社会若干重大问题的决定》,http://www.gov.cn/test/2008-08/20/content_1075519.htm,

5.《高举中国特色社会主义伟大旗帜 为夺取全面建设小康社会新胜利而奋斗》,《关于制定国民经济第十一个五年计划的建议》,《国家"十一五"时期文化发展规划纲要》,http://news.xinhuanet.com/politics/2006-09/13/content_5087533.htm。

6.《文化建设"十一五"规划》,http://www.china.com.cn/policy/txt/2006-11/09/content_9252602.htm。

7.《中共中央关于深化文化体制改革 推动社会主义文化大发展大繁荣若干重大问题的决定》,http://www.gov.cn/jrzg/2011-10/25/content_1978202.htm。

8.《国家"十二五"时期文化改革发展规划纲要》,http://news.xinhuanet.com/politics/2012-02/16/c_111529579.htm。

网络文献部分

1. 维基百科英文版:Globalization,http://en.wikipedia.org/wiki/Globalization,2013年1月10日访问。

2. 维基百科英文版:Cultural Globalization,http://en.wikipedia.org/wiki/Cultural_globalization,2013年1月12日访问。

3. 百度百科:传播,http://baike.baidu.com/view/69730.htm,2013年1月10日访问。

4. 维基百科英文版:Cultural Globalization,http://en.wikipedia.org/wiki/Cultural_globalization,2013年1月12日访问。

5. 维基百科英文版:Publishing,http://en.wikipedia.org/wiki/Publishing,2013年1月10日访问。

6. 维基百科:Digital Publishing,http://en.wikipedia.org/wiki/Digital_publishing。

7. 维基百科英文版:Power,http://en.wikipedia.org/wiki/Power_(sociology)JHJcite_ref-0,2013年1月20日访问。

8. 百度百科:话语权,http://baike.baidu.com/view/683325.htmJHJ2,2013年1月10日访问。

9. 国际货币基金会:World Economic Outlook Database,http://www.imf.org/external/pubs/ft/weo/2012/01/weodata/index.aspx,2012年4月发布。

10. 大佳网:英国出版业,http://www.dajianet.com/world/2009/0223/90758.shtml,2009年2月23日。

11. 国际出版商协会(IPA):Drawing the Global Map of Publishing Markets 2012,http://www.internationalpublishers.org/index.php/-industry-policy/statistics,2013年1月21日访问。

12. 大佳网:德国出版业,http://www.dajianet.com/world/2009/0223/90735.shtml,2009年2月23日。

13. 大佳网:美国出版业概况,转引自新浪读书,http://book.sina.com.cn/2012-09-26/1133339171.shtml,2012年9月26日。

14. 各年度新闻出版业基本情况,数据来源:新闻出版总署网站,http://www.gapp.gov.cn/cms/cms/website/zhrmghgxwcbzsww/layout3/xxml33.jsp?infoId=762198&channelId=1392&siteId=21,2012年8月9日。

15. 百度百科:日本出版业,http://baike.baidu.com/view/4412048.htm。

16. 大佳网:日本出版业与传媒业,http://www.dajianet.com/world/2009/

0929/90752.shtml,2009年9月29日。

17. 百度百科:国际传播,http://baike.baidu.com/link?url=SQsPvsEFTBwrYUWwm7V0vf3jZiRqoEkTayLiHexCU5g387R0Z2KXNfjDieD_hkuJ,2013年11月1日访问。

18. 百度百科:版权贸易,http://baike.baidu.com/view/1435896.htm,2013年11月2日访问。

19. 大佳网:俄罗斯出版业与传媒业,http://www.dajianet.com/world/2009/0716/90761.shtml,2009年7月16日。

20. 大佳网:美国出版业概况,转引自新浪读书,http://book.sina.com.cn/2012-09-26/1133339171.shtml,2012年9月26日。

21. 大佳网:南非出版业,http://www.dajianet.com/world/2011/0401/90745.shtml,2011年4月1日。

22. 大佳网:印度出版业,http://www.dajianet.com/world/2009/0708/90727.shtml,2009年7月8日。

23. 大佳网:巴西出版业,http://www.dajianet.com/world/2009/1109/90737.shtml,2009年11月9日。

24. 维基百科:战略,http://zh.wikipedia.org/wiki/%E6%88%98%E7%95%A5,2013年11月5日访问。

25. 百度百科:中国图书对外推广计划,http://baike.baidu.com/link?url=rcdcujqUhfZMx5QYzLyTCKFvT8M0IyOxwmbc6gaZLXmyhdKW2qY11GUsB7BFD9epZNFZ3yKNEIfFEhew1tATZ_,2012年12月5日访问。

26. 中国图书对外推广网,http://www.cbi.gov.cn/wisework/content/84372.html。

27. 中国最美的书官网,http://www.beautyofbooks.com.cn/index.html,2013年12月1日访问。

28. 维基百科英文版:Power(international relations),http://en.wikipedia.org/wiki/Power_(international_relations),Power(social and political),http://en.wikipedia.org/wiki/Power_(social_and_political),2013年9月3日访问。

29. 大佳网:牛津大学出版社,http://www.dajianet.com/world/2011/0425/154130.shtml,2011年4月25日。

附录一 "中国图书对外推广计划"综述

中国悠久的历史文化、壮丽的自然风光、独特的风俗人情以及日新月异的变化,吸引着越来越多的外国朋友的眼球。他们有的人来到中国,通过自己的所见所闻亲身感受中国,有的人通过报纸、杂志、互联网等渠道获取中国的信息。图书作为最传统、最广泛、最普遍的文化载体和沟通桥梁,可以让各国读者更完整、更真实地了解和认识中国。"中国图书对外推广计划"正是中国政府基于此宗旨,通过资助出版中国的图书和向国外图书馆赠送图书,让世界各国人民更好地了解中国而采取的一项举措。

"中国图书对外推广计划"起源于2004年中法文化年。当年3月中国作为主宾国参加了第24届法国图书沙龙。由国务院新闻办公室提供资助,法国出版机构翻译出版的70种法文版中国图书,在沙龙上展出并销售,受到法国公众的热烈欢迎。在短短6天中,被译为法文的中国图书约有三分之一售出。这是法国出版机构首次大规模地翻译出版中国图书,并进入主流销售渠道销售。资助活动表明了中国政府以图书为媒介向世界介绍中国的积极态度,拓宽了外国了解中国的渠道和视野。

基于上述资助模式的成功,2004年下半年国务院新闻办公室与新闻出版总署在此基础上启动了"中国图书对外推广计划"。

2005年,我们与英国、法国、日本、美国、澳大利亚、新加坡等国的10余家出版机构签署了资助300多万元人民币、出版170多种图书的协议,其中一些图书已经陆续出版发行。

2006年1月国务院新闻办公室与新闻出版总署在京联合成立了"中国图书对外推广计划"工作小组。工作小组实行议事办事合一的工作机制,办公室设在中国图书进出口总公司。工作小组成员单位包括中国出版集团、中国国际出版集团、中国科学出版集团、北京出版社出版集团、上海世纪出版集团、广东出版集团有限公司、山东出版集团、湖南出版投资控股集团、辽宁出版集团、重庆出版集团、凤凰出版传媒集团、四川出版集团、浙江出版联合集团、吉林出版集团、外语教学与研究出版社、北京语言大学出版社、北京大学出版社、清华大学出版社、五洲传播出版社、新闻出版总署信息中心等国内知名出版机构。

2006年,工作小组将不断加大对"中国图书对外推广计划"的宣传推广,目的是让更多的国内外出版、发行机构了解这个计划,并参与其中。同时将积极组织推荐图书参加国际书展,组织工作小组成员单位出访,考察国外类似计划的实施情况,向国外出版机构宣传介绍"中国图书对外推广计划"。

国内出版单位每年分两次集中向"中国图书对外推广计划"工作小组办公室推荐图书,第一次为1月初—2月底,第二次为7月初—8月底,也可以根据需要随时向工作小组办公室推荐。推荐图书的范围主要为:反映中国当代社会政治、经济、文化等各个方面发展变化,有助于国外读者了解中国、传播中华文化的作品;反映国家自然科学、社会科学重大研究成果的著作;介绍中国传统文化、文学、艺术等具有文化积累价值的作品。

"中国图书对外推广计划"工作小组将每年出版《"中国图书对外推广计划"推荐书目》,利用书展、媒体、网站、杂志等各种渠道向国内外出版机构介绍推荐图书。"中国图书对外推广计划"网站的网址为http://www.cbi.gov.cn。

各出版单位在本单位图书被选入《"中国图书对外推广计划"推荐书目》并与国外出版机构或版权代理机构谈妥版权转让事宜后,与购买版权的国外出版机构协商确定一方负责资助申请。

国内出版单位申请资助时,需填写"中国图书对外推广计划"资助申请表,附国外出版机构法律证明文件和版权转让协议复印件,向"中国图书对外推广计划"工作小组提出申请;国外出版机构申请资助时,也需按照上述要求,填写并提供相关材料,通过中国驻外使领馆、版权代理机构或直接向"中国图书对外推广计划"工作小组提出申请。未列入推荐书目的图书,在转让版权后,也可按照上述程序提出申请。

工作小组将对资助申请进行审查,凡符合资助条件的,国务院新闻办公室将与申请单位签订"资助协议书"。

"资助协议书"签订后,国务院新闻办公室将拨付全部资助费用的50%,待所资助图书正式出版后,出版机构须提供样书若干册,国务院新闻办公室再拨付其余的资助费用。

向世界说明中国,让世界各国人民更完整、更真实地了解中国一直是"中国图书对外推广计划"的宗旨。我们将不断丰富"中国图书对外推广计划"的内容,打造图书版权贸易出口和实物出口两个平台,让"中国图书对外推广计划"成为连通中国与世界的纽带。

(引自中国图书对外推广网,http://www.cbi.gov.cn/wisework/content/84372.html,有关该计划资助图书、资助申请及工作流程等信息可登录该网站查询。)

附录二 版权贸易合同(范本)

版权贸易合同(范本)(著作权授权许可使用)

合同双方:
授权方:
被授权方:
合同签订地:
合同签订日期:

合同双方:
授权方(以下简称甲方):
被授权方(以下简称乙方):

合同双方就甲方拥有版权之＿＿＿＿＿＿(作品)授予乙方＿＿＿＿＿(结合第二章写明授权)权利事宜达成以下协议,双方共同遵守。

第一章 作品
第一条 授权作品
1. 作品名称:
2. 作品类型(注:文字、摄影、计算机软件等,应注明具体类型,如:论文、图书、照片、音像制品、电影、游戏软件等):
3. 作品完成时间:
4. 作品是否发表:
5. 首次发表国:
6. 作品在中华人民共和国受保护期限:　　年　月　日—　　年　月　日

7. 版权登记证书号码：

第二条　版权所有人

1. 作者：

2. 国籍：

3. 版权所有人为：

① 作者；

② 职务作品所有人；

③ 经过转让后的版权所有人。

（注：需附版权转让合同、版权转让登记）

第三条　甲方授权地位

甲方授权地位为：

① 版权所有人；

② 委托授权人；

（注：需附委托书）

③ 转授权人。

（注：需附授权书）

第二章　权利许可

第四条　许可权利种类

（注：需根据具体情况写详细）

复制权、发行权、出租权、展览权、表演权、放映权、广播权、信息网络传播权、摄制权、改编权、翻译权、汇编权。

第五条　许可方式

1. 专有许可

（注：应写明是否排除甲方，否则视为排除甲方使用）

2. 非专有许可

第六条　许可使用地域范围：中华人民共和国大陆地区（不包含香港、澳门、台湾地区）。

第七条　许可使用期限：

第八条　授权语言：

第三章　报酬

第九条　本合同采取第_____种方式

1. 一次性支付版权费。

2. 最低保证版权费＋版税。

最低保证版权费是指规定最低保证销售数量,不论乙方是否达到最低销售数量,皆应给付甲方之不可撤回保证金。

版税是指最低销售数量以外乙方根据零售单价×版税率%×销售数量的计算公式向甲方支付版权费。

(注:版税是图书出版常用语,是根据销售数量和单价按照比例支付版权费,这里使用比较贴切并可与最低保证版权费相区别)

第十条　如若采取上述第九条第1种方式,则:

1. 版权费为:人民币_____万元(RMB:_____)。
2. 版权费支付时间为:

第十一条　如若采取上述第九条第2种方式,则:

1. 最低保证销售数量为:
2. 零售价为:人民币_____元/件。
3. 版税率为:_____%。
4. 最低保证版权费为:

(注:可约定一个固定金额;也可根据零售价×版税率×最低保证销售数量进行计算)

5. 最低保证版权费的支付时间为:
6. 版税的支付时间为:本合同签订之日起三个月为一个周期,每个周期之次月中旬前向甲方支付版税。如在授权期内最后一个周期不足三个月,则在授权期结束之日起一个月内支付版税。

第四章　财务报告

第十二条　本合同签订之日起,每三个月为一周期,每个周期末十日内,乙方应提供给甲方一份完整、真实的财务报告,写明本周期的销售数量及库存情况。

第十三条　甲方有权自己或自行聘请会计师事务所核查乙方之账册,并核对上述财务报告之正确性,如发现财务报告有虚假,核查费用由乙方承担。

第五章　知识产权约定

第十四条　乙方仅以本合同约定行使授权,并不得再授权。

第十五条　乙方行使授权时需注明授权方为甲方,包括产品、包装、广告、宣传品等。

第十六条　作品的所有知识产权以及依据作品产生的知识产权皆归甲方所有。

第六章　双方保证与承诺

第十七条　甲方保证与承诺

1. 甲方担保并声明甲方有完整之权利及授权签署本合同,授权不含有侵犯他人著作权和其他权益的内容。乙方如因上述权利的行使侵犯他人著作权或其他权益,经过人民法院或者仲裁机构认定后,乙方有权解除合同。

2. 甲方保证乙方在本合同生效后在授权地区拥有本合同规定之权利,包括在本合同签订前,未授权任何第三方以与乙方相同的方式使用上述产品,也不在合同有效期内将本合同授予乙方的权利以与乙方相同的方式再授予任何第三方使用。

3. 甲方同意提供给乙方因消费者使用本产品所需要之资讯。

第十八条　乙方保证与承诺

1. 乙方担保并声明乙方有完整之权利及授权签署本合同。

2. 乙方保证于本合同存续期间内,不签署任何与本合同权益相冲突之合同。

3. 乙方保证在本合同签署后_____日内使授权产品上市(注:或电视台播放、出版等)。

4. 乙方保证在授权产品上市前将产品及包装等送交甲方审核,经甲方书面同意后方可上市。

5. 乙方保证在产品上市初赠送甲方_____套。

第七章　作品交付

第十九条　作品交付时间(注:建议在乙方支付一定的版权费后):

第二十条　交付作品规格(注:如母盘、光盘、手稿、卡通形象,以及相关的规格、语言、声道等):

第二十一条　随附作品交付的其他资料包括:

第八章　保密

第二十二条　甲乙双方承诺关于双方往来所获知对方之商业、财务或贸易往来资料、文件、图片或档案,无论口头或书面,均应保守机密不得对第三人泄露,也不利用其做本合同以外目的使用,此约定于本合同终止后仍然有效。

第九章　合同终止

第二十三条　本合同有效期间内,任何一方未经对方书面同意,不得擅自终止本合同,但遇到下列情况之一,可提前终止本合同。合同终止自书面通知发出后三日内生效。合同终止后乙方不得再行使本合同之权力。

1. 因不可抗力事件,无法继续履行本合同的。
2. 一方违反合同有关条款,另一守约方可以单方面解除本合同。
3. 根据合同规定行使单方合同解除权,并不表明其放弃向违约方追索违约金和赔偿金。

第十章 违约责任

第二十四条 除不可抗力因素外,双方如违反本合同之约定,另一方有权解除合同,并赔偿给对方造成的实际损失,实际损失包括但不限于守约方在合同正常履行后可以获得的利益,客户提出的赔偿,支付法院的诉讼费用、律师费等。

第十一章 其他约定

第二十五条 通知方式

本合同要求或允许之所有通知应以书面为之,且应以信件、传真之方式送达对方之如本合同所载之主营业处地址,若地址有所变更应通知对方,否则视同已送达通知。

第二十六条 不可抗力

因战争、叛乱、火灾、爆炸、地震、天灾、洪水、干旱或恶劣天气,以至于无法送达、无法供给、无法生产,或者政府法令而造成之破坏、损失、迟延等耗损,双方各自的损失自行负担,直至不可抗力事件结束为止。

第二十七条 合同修改

本合同非经甲乙双方书面同意,不得任意修改、增、删。有增、减或变更本合同内容之必要时,应以书面为之。

第二十八条 法律适用

本合同根据中华人民共和国法律构建,有关本合同的解释、履行等相关事宜皆适用中华人民共和国法律。

第二十九条 争议解决

双方因合同的解释或履行发生争议,由双方协商解决。协商不成,采用下列第_____种方式解决:

1. 由_____仲裁委仲裁;
2. 向甲方住所地人民法院起诉。

第三十条 本合同一式两份,自合同签订之日时生效。附件与本合同具有相同法律效力。

甲方：   乙方：

住址：   住址：

法定代表人：   法定代表人：

授权签字人：   授权签字人：

电话：   电话：

　　年　月　日   　　年　月　日

附件1：授权书

　　甲方公司根据与被授权方签订之版权贸易合同，将本公司拥有著作权之下列_____使用权授予乙方公司，允许乙方公司享有在中华人民共和国境内(但不包括香港、澳门、台湾地区)_____之权利。

授权版权名称：
被授权人：
授权地区：中华人民共和国大陆地区（香港、澳门、台湾地区除外）
授权方式：
授权语言：
授权期限：
授权日：
授权方：
授权方电话：
授权方签字盖章：

附录三 英国出版机构对华版权贸易合同参考标准文本(英文版)

STANDARD LICENSING AGREEMENT FOR CHINA

AGREEMENT made [DATE]

between [Company name] of [Company address] United Kingdom ("the Proprietor", which includes any associate company or its assigns in business) of the part, and [Chinese company] of [address], China ("the Publisher", which includes any associate company or its assigns in business) of the other part

Concerning the Title:

Title by [author's name(s)]

listed as Schedule 3 to this Agreement (Hereinafter "The Works")

1. GRANT OF RIGHTS

Subject to the terms and payments set out in this Agreement, the Proprietor HEREBY GRANTS to the Publisher an exclusive licence to adapt, translate some sections, reprint, publish and sell copies of the Work comprising [books and cassettes, etc.] in the People's Republic of China only.

2. TERM

The term of this Agreement shall be for a period of ten years from the date of this Agreement, which may be renewed by mutual agreement between the parties, subject to the faithful fulfilment of the terms of this Agreement.

3. TERRITORY

The Publisher's edition of the Works may be distributed in the provinces of the People's Republic of China excluding the Special Administrative Regions of Hong

Kong and Macau and the territory of Taiwan and the Publisher undertakes to ensure that no copies are made available for sale through its own agencies or through other companies outside the territory.

4. PUBLISHER'S OBLIGATIONS

4.1　The Publisher undertakes to publish the complete Works no later than the scheduled dates in Schedule 3 [DATE]. Failure to publish by that date, unless with the written consent of the Proprietor, shall lead to a delay penalty as follows: For each delay of three months the Publisher shall pay the Proprietor a sum equivalent to one quarter of the advance due on publication; a delay of twelve months shall invalidate this Agreement and the Proprietor may be free to negotiate the licence for the Works with another publisher.

4.2　The Publisher shall initially print [number] copies of each level of the Work.

4.3　The Publisher shall notify the Proprietor promptly of the date of printing and of every subsequent reprinting.

4.4　The rights granted to the Publisher under the terms of this Agreement do not include the right to sublicence the use of the material supplied by the Proprietor. No amendments to the text or illustrations shall be made for the Publisher's edition without the prior written consent of the Proprietor.

(a) In all cases, the Proprietor's logo and name shall appear prominently on the front cover and the spine of the Works.

(b) The Publisher hereby undertakes that the Proprietor's name and logo will appear in its customary form with due prominence on the title page on every copy of the said Works published by the Publisher and will ensure that the international copyright symbol followed by the copyright notice shall appear in the same form as in the Publisher's edition together with the words "First published by [Company name], United Kingdom. This edition is for sale in the People's Republic of China not including the Special Administrative Regions of Hong Kong and Macau only and may not be bought for export therefrom."

(c) Proof copies of the copyright page, title page and covers of the Publisher's editions shall be sent to the Proprietor for approval prior to printing and no printing shall take place until the Publisher has received the Proprietor's written approval of the samples. For the purposes of approving the covers and preliminary pages, proof copies shall be sent for the attention of [name of person in charge and address].

(d) Six complimentary copies of the Works should be sent on completion of the printing to the Publishing Director at the address in Schedule 2 by registered air mail or courier. Three complimentary copies shall be sent to the same address on each subsequent reprinting.

4.5 (a) The Publisher shall ensure that the Works are fully registered for copyright in the Territory.

(b) The Publisher shall promptly inform the Proprietor of any infringement of copyright that may come to their notice, shall give the Proprietor all necessary assistance in connection with such legal action as the Proprietor and the Publisher may consider fit, and pay half of the costs of any legal action which is necessary.

(c) The Publisher shall not assist any other person in doing anything which may prejudice or materially affect copyright in the Works.

4.6 (a) The Publisher shall not assign or sublicense any other party any rights granted under this Agreement.

(b) The Publisher shall not use the materials supplied by the Proprietor for any other purpose than for the fulfilment of this Agreement.

(c) The Publisher shall immediately notify the Proprietor of any decision to allow the Works to go out of print.

4.7 All costs relating to the Publisher's exercise of the Rights (including the costs of adapting the material and originating new materials for the Publisher's edition) shall be borne by the Publisher.

5. PROPRIETOR'S OBLIGATIONS

The Proprietor warrants that it owns all the rights licensed under this Agreement and that the licence in no way infringes the right of any third party or the Author of the Works.

6. ACCOUNTING

6.1 The Publisher shall keep during the Term and for 6 years thereafter accurate and detailed books and records of the sales of all copies of the Publisher's edition of the Works and revenues derived therefrom and shall render to the Proprietor half-yearly statements made up to the fifteenth day of June and fifteenth day of November in each year showing details of numbers of copies sold, price received, royalties paid and payable to the Proprietor and numbers of copies of the Publisher's edition of the Works in stock and shall pay to the

Proprietor any Royalties outstanding in full in respect of each such half-yearly statement within three calendar months after the end of the half year (i. e. by not later than the last day of September and March following).

6.2　　The Proprietor or its authorised representative shall have the right upon written request to full access to the books and records of the Publisher insofar as they relate to the stock sales and receipts in respect of the Publisher's edition of the Works and to take copies and extracts thereof (which examination shall be at the cost of the Proprietor unless errors exceeding 2.5% shall be found in which case the cost shall be paid by the Publisher).

6.3　　In the event of late payment of any money due to the Proprietor hereunder the Publishers shall pay to the Proprietor interest accruing from day to day calculated at the annual rate of 3% above bank base rate from time to time on all such money overdue from the due date for payment until the actual date of payment.

7. ROYALTIES AND PAYMENTS

7.1　　The Publisher shall pay the Royalties and the costs of any origination materials to the Proprietor in respect of the grant of the Rights on the date or dates specified in Schedule 1 hereto.

7.2　　All payments to the Proprietor hereunder shall be made in pounds sterling by telegraphic transfer to the [Company] account. Payments should be sent "attention of Chief Cashier" at [bank name]. Account name:; Account no: (sort code:).

7.2　　All such payments shall be without any deduction in respect of taxation, exchange control or otherwise. If the Publisher shall be required to deduct any tax liability in respect of the Royalties or withhold payment on any part thereof for any reason whatsoever then the Publisher shall provide tax receipts and proof of payment of tax to the Proprietor so that the Proprietor may claim exemption from paying this tax in the UK.

7.3　　The receipt of money by the Proprietor shall not prevent the Proprietor from questioning the correctness of any statement in respect of any money.

8. RESERVATION OF RIGHTS

No rights are granted to the Publisher other than those specified in this Agreement. This Agreement represents the full understanding of the parties, oral or written and shall not be modified except in writing and signed by both parties or their authorised representatives.

9. TERMINATION

9.1 The licence herein granted shall immediately terminate and rights revert to the Proprietor under any of the following circumstances:

    9.1.1 The expiry of the Term.

    9.1.2 If the Publisher goes into liquidation either compulsorily or voluntarily or if a receiver, administrative receiver, receiver and manager or administrator is appointed in respect of the whole or any part of their assets or the Publisher makes an assignment for the benefit of or composition with its creditors generally or thereafter do any of the things or if any event occurs which is similar to any of the foregoing under any jurisdiction which affects the Publisher.

    9.1.3 If the Publisher ceases or threatens to cease to carry on their business.

9.2 The licence hereby granted shall immediately terminate and the Rights revert to the Proprietor upon the expiry of the period of 30 days after service of a notice from the Proprietor upon the Publisher specifying any of the following acts of default (and also requesting the Publishers to remedy the same) and the said default or defaults remaining unremedied at the expiry of the said period.

    9.2.1 If the Publisher fails to perform their obligation under 4.1 hereof.

    9.2.2 If the Publisher fails to make payment of any sum due to the Proprietor under any provision of the agreement.

    9.2.3 If the Publisher is in breach of any of their other obligations under this Agreement.

    9.2.4 If the Publisher purports to assign any of the Rights to any third party or purport to sublicense the Rights save as permitted hereunder.

9.3 The Proprietor shall have the option to terminate this Agreement by giving six months Notice in writing in the event that there is a significant change in the shareholding of the Publisher from the position as at the date of this Agreement.

9.4 In the event of termination of this Agreement all monies outstanding shall become immediately due for payment and all rights relating to the use of copyright material revert to the owners of such copyright.

9.5 Any termination hereunder shall be without prejudice to the rights of the parties which shall have accrued prior to the date thereof.

10. MISCELLANEOUS

This Agreement shall be governed by English law and shall be deemed to have been made in England and the parties agree to submit to the non-exclusive jurisdiction of the courts of England and Wales.

11. NOTICES

11.1 *Form of Notice*

Any notice or other written communication given under or in connection with this Agreement may be delivered personally or sent by first-class post (airmail if overseas) or by telex or facsimile (but not, for the avoidance of doubt by email or any other means other than as specified).

11.2 *Address for Service*

The address for service of any party shall (in the case of a company) be its registered office (or the Distributors principal place of business in the Territory) marked for the attention of the managing director and (in the case of an individual) shall be his address stated in this Agreement in Schedule 2 or, if any other address for service has previously been notified to the server, to the address so notified.

11.3 Service

Any such notice or other written communication shall be deemed to have been served:

(a) if delivered personally, at the time of delivery;

(b) if posted by air-mail seven business days after it was posted; or

(c) if sent by telex or facsimile message, at the time of transmission (if sent during normal business hours, that is 9:30 to 17:30 local time) in the place from which it was sent or (if not sent during such normal business hours) at the beginning of the next business day in the place from which it was sent.

11.4 *Proof of Service*

In proving such service it shall be sufficient to prove that personal delivery was made, or that such notice or other written communication was properly addressed stamped and posted or in the case of a telex that the intended recipient's answerback code is shown on the copy retained by the sender at the beginning and end of the message or in the case of a facsimile message that an activity or other reports from the sender's facsimile machine can be produced in respect of the notice or other written communication showing the recipient's facsimile number and the number of pages transmitted.

SCHEDULE 1
ROYALTIES AND PAYMENTS

1. The Publisher shall pay to the Proprietor a royalty of [number] percent of local published price on all copies of the Works produced under this Agreement. Except where otherwise stated, all payments shall be made in sterling at the spot exchange rate ruling on the date when the payment becomes due. [**TO BE AGREED**]

2. An advance payment of [number] pounds sterling shall be paid in respect of the publication of each level of the title. The advance payments in respect of the intermediate level, the upper-intermediate level, and the pre-intermediate level will be made according to the following schedule: First payment (number) by [Date]. Second payment (number) by [Date]. Third payment (number) by [Date].

3. Royalty payments are due under Clause 6.1 on the basis of the Publisher's half-yearly statements to the Proprietor made up on the 15th day of June and the 15th day of November each year showing details of numbers of copies sold, price received, royalties paid and payable to the Proprietor, and numbers of copies of the Publisher's edition of the Works in stock. Royalty payments for each level are subject to deduction of the advance royalties paid in respect of that level, but not advances paid in respect of the other levels of the title.

SCHEDULE 2
ADDRESSES

1. Publishing Director, Address (Tel. ; Fax:).
2. Other persons mentioned in the Agreement [name, address, tel. number and fax number]
3. Bank account details: Payments should be sent "attention of Chief Cashier", the UK

    Bank:
    A/c name:
    A/c no. :
    Sort code:

SCHEDULE 3
TITLE

Titles	Latest Schedule Date for Publication

date
"
"
"
"

AS WITNESS the hands of the duly authorised representatives of the parties:

Signed ·················· Signed ··················
Name ·················· Name ··················
Title ·················· Title ··················
who confirm that the necessary authority to sign this Agreement has been given by the Company.
who confirm that the necessary authority to sign this Agreement has been given by the Company.

For [British Company]
Witness ··················
Date ··················
Place ··················

For [Chinese Company]
Witness ··················
Date ··················
Place ··················

附录四 国际主要书展一览

Abu Dhabi International Book Fair（阿布扎比国际书展） 阿联酋,阿布扎比。阿布扎比国际书展是中东最大、最具有代表性的图书展,每年5月举行。

BEA（美国图书书博览会） 美国,在纽约等地举办。是整个北美地区最主要的书展,国际上最大的英语类书展之一,每年5月或6月举行。

BIBF（北京国际图书博览会） 中国,北京。中国最大的国际书展,于1986年创办,每年8月或9月举行。

Bologna Children's Book Fair（博洛尼亚儿童图书博览会） 意大利,博洛尼亚。世界上规模最大的儿童图书博览会,版权贸易型专业儿童书展,每年4月举行。

Cape Town Book Fair（开普敦书展） 南非,开普敦。非洲地区唯一的专业性国际书展,自2012年起每年举办一届,每年6月举行。

FIL（瓜达拉哈拉国际书展） 墨西哥,瓜达拉哈。西班牙语类书籍最主要的展览会,中南美洲最大的书展,每年11月或12月举行。

Frankfurt Book Fair（法兰克福书展） 德国,法兰克福。世界上最大规模、最享盛誉的书展,被誉为"世界出版人的奥运会",每年10月举行。

Hong Kong Book Fair（香港书展） 中国,香港。由香港贸易发展局主办,是亚洲最大型书展之一,自1990年起每年7月举行。

LBF（伦敦书展,又称伦敦国际书展） 英国,伦敦。伦敦书展由英国工业与贸易博览会于1971年创办,1985年起由励德展览公司承办,该书展为版权贸易型书展,每年4月举行。

MIBF（莫斯科国际图书博览会,又称莫斯科书展） 俄罗斯,莫斯科。俄罗斯最大的国际书展,每年9月举行。

Sao Paulo International Book Biennial（巴西书展） 巴西,圣保罗巴西及南美洲图书市场的重要展会,为国内外重要的出版商、图书商和发行商提供洽谈生意的平台,每年8月举行。

TIBE(台北国际书展) 中国,台北。台湾地区最大的国际书展,每年1月或2月举行。

TIBF(东京书展) 日本,东京。日本最大的国际图书展会,是版权谈判、合作出版项目、图书直接出口等的平台,每年春夏举行。

后 记

20世纪80年代末,我从高校毕业后即进入出版行业工作,从此将出版业作为自己要为之奉献的一个行业。在二十多年的从业生涯中,我既积极参与出版实践活动,同时也对出版产业不断进行思考和分析,并取得了一定的成绩。尽管如此,数年前我开始感到自己理论基础积累的薄弱和科学思维的欠缺,于是准备系统地学习一点学科知识以拓宽自己的视野和提升分析问题、研究问题的能力,因此于2009年上半年步入了报考博士研究生的竞争行列。当步入第一场考试考场的时候,自己忽然觉得,能够有机会更广泛地学习一个专业的相关知识并能够更深入地对某方面的问题进行思考和研究,实在是件非常幸福的事情。因此,当最终幸运地进入博士研究生阶段学习后,自己不免兴奋了一阵。但这种兴奋之情持续了很短的时间,我很快意识到,如果要在繁忙的工作重压之下同时顺利并有成效地完成整个学习和论文写作,将是一个巨大的挑战。时间很快证明了我自己所做的这个判断。在基本圆满地完成了课程学习之后,我的博士论文的写作过程充满了延宕和低效,主要的原因就是自己所承担的工作任务占据了自己大量的时间,尤其是一年中的大多数周末都在全国各地出差奔波。当我一次又一次地推迟自己的论文写作计划后,自己心里充满了内疚感,并且,随着时间的推移,自己越来越感到焦灼。论文写作跟课程学习最大的区别在于,它是对自己专业知识学习、专业课题研究以及学业的总结和鉴定,同时也是对自己学术研究能力的一次考核。任何理由在自己必须完成的学习任务面前都是站不住脚的。更何况,学术学习和学术研究必须是一种投入精力和时间的奉献,不论自己从何处去争取到这种学习和研究的精力及时间。学习和研究永远是一个过程,没有止境。因此,当最终完成了论文全稿的写作的时候,我心底并无任何一丝轻松的感觉,所有的,只有巨大的愧疚感,以及满溢的感激之情。

借本书出版的机会,我要送出自己深深的感激之情。首先要感谢我的导师吴友富教授多年来对我的工作、学业以及研究(包括论文写作)的鼓励和指导。没有他持续的鼓励以及精心指导,我的学业成就包括个人视野的开阔都是不可能实现的。我尤其感谢吴老师对我推迟论文写作的宽容和理解。同时要感谢我的直接领导庄智象教授,他多年来一直关心我的学业情况,经常关心我论文的写作进展情况,并给予我很多指导,且让我分享了他自己当年论文写作的经验。我还要感谢自己的许多同事和朋友,尤其是他们中给予我特别鼓励和关心的人。他们的关心使我在数年的学习、研究和写作过程中得到了无比的温暖和动力。我也非常感谢苏州大学出版社的张凝老师。作为一名同行,她为本书的付梓付出了积极的劳动,这里除了她的工作本分和职业精神使然之外,我相信也有着同行之间的一份不用言说的理解。

我特别要感谢我的家人,感谢他们对我面临工作和学业的双重压力的理解,感谢他们几乎没有对我在这双重压力下出现的烦躁以及对他们的照顾不周而产生抱怨,也感谢他们持续不断的督促和鼓励。我希望自己最后没有辜负所有人的希望,尽管我非常清楚,自己需要不断地加强自己的理论基础修养,并在学术研究和写作以及现实中所从事的出版工作道路上付出更多的心力。

完成任何一件自己觉得有意义的事都能带来大小不等的快乐。这大概是生活给予人各种付出的最大报酬。

张　宏
2015 年 7 月 30 日
于沪上静气斋